© 2021 by KoineGreek.com Books

All rights reserved. No part of this book may be reproduced or transmitted in any form or by any means, electronic or mechanical, including photocopying, recording, or by any information storage and retrieval system, without written permission of the publisher.

Papyrus Uncial Greek font used developed by Juan-José Marcos.

ISBN: 978-1-954033-06-1

Written by Benjamin Paul Kantor

Published by KoineGreek.com Books
An imprint of

539 W. Commerce St. #494
Dallas, TX 75208
www.KoineGreek.com

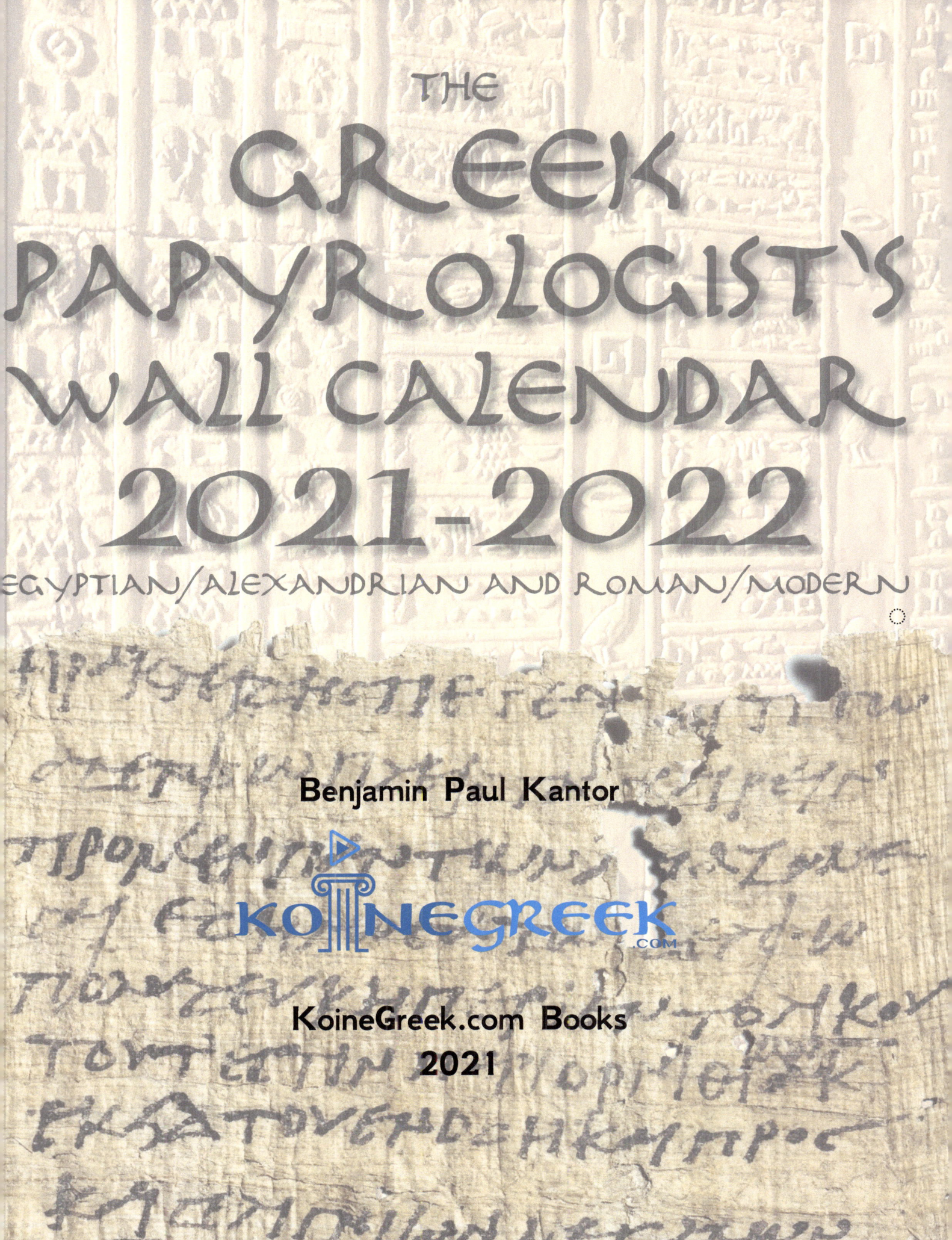

Introduction / Guide to the User

The Greek Papyrologist's Wall Calendar is designed for those students and scholars of ancient Greek papyri who want to become more familiar with the ancient calendar in use by the authors and recipients of the texts they are reading. One of the challenges in designing such a resource, however, comes in the desire to both authentically represent an ancient calendar and present it in such a way that makes it practical for the modern user. *The Greek Papyrologist's Calendar* thus achieves something of a compromise by laying out the ancient Egyptian/Alexandrian calendar in a modern wall-calendar format coordinated with Roman/modern dates (but see note below on Julian/Gregorian dates) so that a modern student or scholar can practically use the ancient calendar in their daily life with modern dates.

Although there were numerous calendars in use in antiquity that are attested in the papyri (Egyptian, Macedonian, Greek, Roman, etc.), the Egyptian calendar was chosen for *The Greek Papyrologist's Wall Calendar* because Egypt plays such a central role in the field of papyrology and the Egyptian calendar is prominent in the papyrological material. The Egyptian calendar is made up of 12 months of 30 days with 5 intercalary days (ἐπαγόμεναι) at the end of each year. From a practical standpoint, however, the Egyptian calendar of the Hellenistic period proves to be problematic, since it would gradually shift over the years in its relation to the Julian or Gregorian calendars. For example, at the beginning of the Ptolemaic dynasty, the first day of the first Egyptian month (Thoth) fell in November, whereas in Cleopatra's reign it fell in September or August. This can be referred to as a "wandering year". One of the reasons that the concept of a "wandering year" is important is because the Egyptian seasons (Akhet, Peret, Shemu) correlate with agricultural periods and the Nile, but this correlation ceases to be accurate after the year "wanders" sufficiently.

Beginning with Julius Caesar (ca. 45 BCE) and continuing until around the start of the common era, however, a number of important reforms came to be introduced to the Egyptian calendar. Most importantly, by implementing leap years into the Egyptian system, the beginning of the year came to have a fixed date in relation to the Roman/Julian calendar, beginning on the 29th of August normally and the 30th in leap years. In the year before a Roman/Julian leap year, a sixth day was added to the 5 intercalary days (ἐπαγόμεναι) at the end of the year. Although there was some confusion in the coordination of leap years between the calendars early on—regarding a triennial leap year cycle or quadrennial leap year cycle—this was all sorted out by around 4 CE so that by the first century CE, the relationship between the Egyptian calendar and the Roman/Julian calendar was regular. This Egyptian calendar came to be referred to in ancient times as τῶν ἀλεξανδρείων 'the Alexandrian [calendar]' and the first-century version of this calendar more or less serves as the basis for the *The Greek Papyrologist's Calendar*.

It is also necessary to make a brief note regarding the Roman/modern dates used in the *The Greek Papyrologist's Wall Calendar*. The calendar in use across the world today is the Gregorian calendar, which ultimately derives from the ancient Roman Julian calendar but was invented in 1582 to correct a small discrepancy in the Julian calendar which led to the year shifting (in relation to the sun) by 1 day every 130 years. Nevertheless, other than this small discrepancy, which slowly built up to become a 13-day difference between the continuation of the Julian calendar until today and the modern Gregorian calendar, the calendars are exactly the same. Rather, since the reforms introduced by Caesar in 45 BCE, the total number of days in a regular year, the total number of days in a leap year, most occurrence of leap years, the total number of days in each month, and the names of the months are all the same. The only difference between the calendars is that the Gregorian calendar will skip its leap year on the turn of the century every three out of four centuries.

Therefore, for all intents and purposes, with any given year—at least 99% of the time—a Gregorian calendar year might fill in for a Julian calendar year and vice versa. For this reason, *The Greek Papyrologist's Wall Calendar* actually uses the same coordination of Julian dates and the Egyptian/Alexandrian calendar that would have applied in the first century, but these dates are coordinated with modern Gregorian dates rather than adding in a conversion to account for the discrepancy that built up over the centuries. For example, in the modern Coptic calendar, which is the continuation of the Alexandrian calendar, the first day of the first month is on the 11th of September in the Gregorian calendar but on the 29th of August in the Julian calendar. Because *The Greek Papyrologist's Wall Calendar* attempts to recreate the experience of an ancient user but in a modern context, the first day of the first month of the Alexandrian calendar thus correlates with the 29th of August in the Gregorian calendar. The calendar thus follows Gregorian dates, but the Gregorian dates stand in for the ancient Julian dates as they would have correlated with the Alexandrian calendar in the first century. This compromise seems to achieve the best of both worlds. In this way, the modern student or scholar can use *The Greek Papyrologist's Calendar* to keep time in the modern world, but the modern dates are presented and correlated as they would have been for someone using the Roman/Julian calendar.

The format of the calendar is as follows: Each upper page of a month in the calendar lists the name of the Egyptian/Alexandrian month in Greek at the top along with some facts about the month. Each lower page constitutes the actual calendar portion, which is displayed in a modern wall-calendar format with the names of the days of the week listed in Greek according to Jewish/Christian terminology and according to Greek terminology. It should be noted that the diffusion of the seven-day week did not begin to become common in the ancient world until the early centuries of the common era (see Bultarignini 2021). For those students and scholars who focus mainly on papyri before the common era, it should be known that the seven-day week was not very common outside of Jewish circles. Each cell/box of the calendar on the lower page constitutes one day. The Egyptian/Alexandrian dates are listed in blue and the Roman/modern dates are listed in red. Each date follows the same format. In a larger font, the number of the day is listed according to ancient Greek numerals:

α = 1	ι = 10	ρ = 100
β = 2	κ = 20	σ = 200
γ = 3	λ = 30	τ = 300
δ = 4	μ = 40	υ = 400
ε = 5	ν = 50	φ = 500
ϛ = 6	ξ = 60	χ = 600
ζ = 7	ο = 70	ψ = 700
η = 8	π = 80	ω = 800
θ = 9	ϟ = 90	ϡ = 900

Under each Greek numeral, the name of the day is listed as you would say it in Greek. For example, the first day of the first month is written as α as the numeral and below as πρώτη θῶθ 'first of Thoth' and the twenty-third day of the second month is written as κγ as the numeral and below as εἰκοστὴ τρίτη φαῶφι 'the twenty third of Phaophi'.

Public festivals and holidays (ἑορταί) that are attested in the Egyptian papyri (and in a minority of cases other sources) are also cited in blue diamond boxes of the various days on which they were celebrated. For each holiday, the name of the holiday (or the description of it) is written out in Greek. Underneath the name of the festival, the papyrological citation is cited in parentheses with the date: e.g., (P.Cair.Zen. III 59312, 250 BCE). The citation of the date is especially important because some holidays—in particular, Greek/Roman holidays celebrated in Egypt—would have been celebrated at different times in the Ptolemaic and Roman periods. The calendar thus possibly includes numerous festivals in a particular month, not all of which would have been celebrated in the same locality in the same time period. Information on the festivals cited in the calendar can be found primarily in Perpillou-Thomas 1993 and Abdelwahed 2015–2019 (see bibliography). It should also be noted that sometimes a papyrological reference to a festival is limited, e.g., ἐφ' ἡμέρας ἑορτῶν πέντε 'for five days of festivals'. In such cases, even though we do not know exactly which festival was intended, the phrase is nevertheless included in the calendar for reference. Note that some festivals last more than one day. In such cases, rather than writing the name of the festival on every day in which it was observed, the festival name is followed by a phrase like ἡμερῶν ζ 'for 7 days'.

While referring to Egyptian days of the month is relatively straightforward, referring to particular Roman days of the month is more complex. It was indeed possible to refer to a Roman date in the same way—i.e., εἰκοστὴ τρίτη ἰανουαρίου 'the twenty-third of January'—but in the ancient world it was common when using the Roman calendar to refer to particular days in relation to the three phases of the moon that served to divide months in the Roman system: the καλάνδαι (kalendae in Latin) marked the new moon and the first day of each Roman month, the νῶναι (nonae in Latin) marked the first quarter moon, and the εἰδοί (ides in Latin) marked the full moon. Although the καλάνδαι always fell on the first day of the month, the νῶναι could be on the 5th or 7th of the month and the εἰδοί could be on the 13th or 15th of the month. According to Roman time keeping, you refer to each day in reference to the number of days left before the next one of these landmarks, each of which is highlighted in a red box in the calendar. For example, although the 9th of March could be referred to as ἐνάτη μαρτίου 'ninth of March', it would be more common to refer to it as πρὸ ἑπτὰ εἰδῶν μαρτίων 'seven days before the Ides of March', which happens to be on the 15th of March. Therefore, for each Roman date, two ways of saying the date are written under the Greek numeral. First, in parentheses, comes the more straightforward way of saying it (i.e., ἐνάτη μαρτίου). Second, without parentheses, since this was the common ancient convention, comes the Roman way (i.e., πρὸ ἑπτὰ εἰδῶν μαρτίων).

By using this system, the student or scholar will be able to see both how the date would have likely been written in the papyri—i.e., with a Greek numeral and the name of the month—and how a Greek speaker would have referred to the day of the month, whether in the Egyptian or Roman system.

To set up the calendar, simply use a hole punch to make a hole through the dotted circles on each page and the cover (all at once or individually), turn the calendar 90 degrees clockwise, and hang it on the wall!

Bibliography and Resources

A number of resources were used or consulted in the production of this calendar. The work of Chris Bennett serves as the primary source for coordinating the calendar. Perpillou-Thomas, Grenfell and Hunt (*P.Hib.* I 27), and Abdelwahed supply most of the information regarding festivals. The meaning of month names "in quotes" are taken from Allen. Due to the nature of this document, namely a wall calendar, it is not practical to cite sources as one would in an academic article or actual book. Nevertheless, the facts presented in the calendar depend on the following sources (most notably those specifically mentioned above):

Abdelwahed, Youssri. *Egyptian Cultural Identity in the Architecture of Roman Egypt (30 BCE–AD 325)*. Archaeopress Roman Archaeology 6. Oxford: Archaeopress, 2015.

Abdelwahed, Youssri. "The Illumination of Lamps (Lychnokaia) for Neith in Sais/Esna in Greco-Roman Egypt." *Abgadiyat* 10 (2015): 31–45.

Abdelwahed, Youssri. "The Soucheia of the Arsinoite Nome in Graeco-Roman Egypt." *Minia Journal of Tourism and Hospitality Research* 1.2 (2016): 214–34.

Abdelwahed, Youssri. "Two Festivals of the God Serapis in Greek Papyri." *Rosetta* 18 (2016): 1–15.

Abdelwahed, Youssri. "The Charmosyna (Festival of Rejoicing) in Graeco-Roman Egypt." *Minia Journal of Tourism and Hospitality Research* 2 (2018): 105–11.

Abdelwahed, Youssri. "The Harpokratia in Graeco-Roman Egypt." *Rosetta* 23 (2019): 1–27.

Allen, James P. *Middle Egyptian: An Introduction to the Language and Culture of Hieroglyphs*. Cambridge: Cambridge University Press, 2000.

Belmonte, Juan Antonio. "The Egyptian Civil Calendar: a Masterpiece to Organize the Cosmos." Edited by J. A. Rubiño-Martín, J. A. Belmonte, F. Prada, and A. Alberdi. Cosmology Across Cultures: ASP Conference Series Vol. 409. 2009.

Bennett, Chris. "Ptolemaic Dynasty: Chronological Tables." (2001–2011): http://www.instonebrewer.com/TyndaleSites/Egypt/ptolemies/chron/chronology.htm.

Bennett, Chris. "The Early Augustan Calendars in Rome and Egypt." *Zeitschrift für Papyrologie und Epigraphik* 142 (2003): 221–40.

Bonneau, D. "Les fêtes Amesysia et les jours épagomènes (d'après la documentation papyrologique et égyptologique." *ASAE* 70 (1985): 365–70.

Bultrighini, Ilaria. "Chapter 2 Calendars of the Greek East under Rome: A New Look at the Hemerologia Tables." Pages 80–128 in *Calendars in the Making: The Origins of Calendars from the Roman Empire to the Later Middle Ages*. Edited by Sacha Stern. Leiden: Brill, 2021.

Casio. "Online Julian/Gregorian Calculator." (2021): https://keisan.casio.com/exec/system/1227757509.

Coppens, Filip. "Temple Festivals of the Ptolemaic and Roman Periods." in *UCLA Encyclopedia of Egyptology*. Edited by Jacco Dieleman, Willeke Wendrich, Elizabeth Frood, and John Baines. Los Angeles: UCLA Encyclopedia of Egyptology, 2009.

Dendrinos, Markos. "Ancient Attic Calendar ~ Date converter." (2019): https://www.epistemeacademy.org/calendars/.

Dogaer, Lauren. "The Beautiful Festival of the Valley in the Graeco-Roman Period: A Revised Perspective." *The Journal of Egyptian Archaeology* 106.1–2 (2020): 205–14.

Grenfell, Bernard P., and Arthur S. Hunt. *The Hibeh Papyri: Part I*. London: The Egypt Exploration Fund, 1906.

Hölbl, Günther. *A History of the Ptolemaic Empire*. Abingdon: Routledge, 2001.

Bibliography and Resources (cont.)

Jauhiainen, H. ""Do Not Celebrate Your Feast Without Your Neighbours": A Study of References to Feasts and Festivals in Non-Literary Documents From Ramesside Period Deir El-Medina." *Publications of the Institute for Asian and African Studies* 10, Helsinki University Print, 2009.

Jones, Alexander. "Calendar, Greco-Roman Egypt." in *The Encyclopedia of Ancient History*. Edited by Alexander Jones, Roger S. Bagnall, Sabine R. Huebner, Craige B. Champion, Kai Brodersen, and Andrew Erskine. Hoboken, N.J.: John Wiley & Sons, 2012.

Ker, James. ""Nundinae": The Culture of the Roman Week." *Phoenix* 64.3/4 (2010) 360–85.

Kloppenborg, John S. *The Tenants in the Vineyard*. Wissenschaftliche Untersuchungen zum Neuen Testament 195. Tübingen: Mohr Siebeck, 2010.

Klotz, David. "The Temple of Esna: An Evolving Translation." (2021): https://bookdown.org/shemanefer/Esna2/.

Koenen, Ludwig. "The Ptolemaic king as a religious figure." *Hellenistic Culture and Society* (1993): 25–115.

Larsson, Petra Ossowski. "Towards an absolute scientific date for the Egyptian New Kingdom, part 1: the Egyptian Civil Calendar revisited." (2020): https://www.academia.edu/41604018/Towards_an_absolute_scientific_date_for_the_Egyptian_New_Kingdom_part_1_the_Egyptian_Civil_Calendar_revisited.

Martin, Belen Castro. "A Historical Review of the Egyptian Calendars: The Development of Time Measurement in Ancient Egypt from Nabta Playa to the Ptolemies." *Scientific Culture* 1.3 (2015): 15–27.

Perpillou-Thomas, F. *Les fetes d'Egypt ptolémaïque et romaine d'après la documentation papyrologique grecque*. Studia Hellenistica 31. Louvain: 1993.

Renberg, Gil H. "Hadrian and the Oracles of Antinous (Sha Hadr. 14.7); with an Appendix on the So-Called Antinoeion at Hadrian's Villa and Rome's Monte Pincio Obelisk." *Memoirs of the American Academy in Rome* 55 (2010): 159–98.

Samuel, Alan Edouard. *Greek and Roman Chronology: Calendars and Years in Classical Antiquity*. München: CH. Beck'sche Verlagsbuchhandlung, 1972.

Schott, Siegfried. *Altägyptische Festdaten*. Wiesbaden: Verlag der Akademie der Wissenschaften und der Literatur in Mainz in Kommission bei Franz Steiner Verlag GMBH, 1950.

Siuda, Tamara L. *The Ancient Egyptian Daybook*. United States of America: Tamara L. Siuda, 2016.

Spalinger, Anthony. "Notes on the Ancient Egyptian Calendars." *Orientalia NOVA SERIES* 64.2 (1995): 17–32.

Spalinger, Anthony. "Eleventh Day, Twelfth Night: Further Remarks Concerning Three Feasts in Egyptian Civil Thoth." *Studien zur Altägyptischen Kultur* 43 (2014): 399–415.

Stern, Sacha, ed. *Calendars in the Making: The Origins of Calendars from the Roman Empire to the Later Middle Ages*. Leiden: Brill, 2021.

Tetley, M. Christine. *The Reconstructed Chronology of the Egyptian Kings*. Whangarei, New Zealand: Barry W. Tetley, 2014.

World, The Duke Collaboratory for Classics Computing & the Institute for the Study of the Ancient. "Papyri.info." (2021): https://papyri.info/.

Toomer, G. J. *Ptolemy's ALMAGEST*. London: Duckworth, 1984.

University College London. "Festivals in the ancient Egyptian calendar." (2003): https://www.ucl.ac.uk/museums-static/digitalegypt/ideology/festivaldates.html.

Images and Attributions

Cover Images (Public Domain):
https://www.metmuseum.org/art/collection/search/251788
Author: Gift of M. Nahman, 1925

https://www.flickr.com/photos/59081381@N03/48005054023
Author: Warren LeMay

1. Thoth (Public Domain):
https://pixabay.com/photos/aswan-nile-felucca-cataract-3344729/
Author: DEZALB

2. Phaophi (Public Domain):
https://pixy.org/4721635/
Author: Oda Gerdes

3. Athyr (Public Domain):
https://www.flickr.com/photos/40632439@N00/42480950610
Author: Thad Zajdowicz

4. Choiak (Public Domain):
https://commons.wikimedia.org/wiki/File:Serapis_Pio-Clementino_Inv689_n2.jpg
Author: Jastrow, 2003

5. Tybi (Public Domain):
https://commons.wikimedia.org/wiki/File:Model_of_a_Man_Plowing_MET_DT288335.jpg
Author: From Metropolitan Museum of Art; Gift of Valdemar Hammer, Jr., in memory of his father, 1936

6. Mechir (Public Domain):
https://pixabay.com/photos/egypt-decoration-wall-divinities-4946525/
Author: DEZALB

7. Phamenoth (Public Domain):
https://en.wikipedia.org/wiki/Amenhotep_I#/media/File:Amenhotep_I.jpg
Author: Scan from old book Culturgeschichte by K. Faulmann (1881).

8. Pharmouthi (Public Domain):
https://commons.wikimedia.org/wiki/File:Yuny_and_His_Wife_Renenutet_MET_DT549.jpg
Rogers Fund, 1915

9. Pachon (Public Domain):
https://unsplash.com/photos/ABuMxcF0Uc0
Author: Jeremy Zero

10. Pauni (Public Domain {{PD-US}}):
https://commons.wikimedia.org/wiki/File:Tomb_of_Nakht_(6).jpg
Date: January 1907; Source: Matthias Seidel, Abdel Ghaffar Shedid: Das Grab des Nacht. Kunst und Geschichte eines Beamtengrabes der 18. Dynastie in Theben-West, von Zabern, Mainz 1991; Author: Norman de Garis Davies, Nina Davies (2-dimensional 1 to 1 Copy of an 15th century BC Picture)

11. Epiph (Public Domain)
https://www.flickr.com/photos/101561334@N08/10450049104
Author: Gary Todd

12. Mesore (Public Domain)
https://pixy.org/4869640/
Author: Earlean Mckendrick

13. Epagomenai (Public Domain)
https://commons.wikimedia.org/wiki/File:Hieroglyph_Text_from_Teti_I_pyramid.jpg
Author: Chipdawes

θωθ

- Thoth is the first month of the season of Akhet (season of flooding)

- The month is named after Thoth, the Egyptian moon God

- In early Ptolemaic times (3rd c. **BCE**—early 2nd c. **BCE**), the month of Thoth began in **November** or **October**. After the Alexandrian reform (effectual from 26 BCE) and the Augustan reform (8 BCE), Thoth began on the 29th of August generally and on the 30th of August in leap years

- There is also a papyrological reference from Greco-Roman times to processions on the 19th of Thoth: κω[μασίαις] ἐν νήσῳ γυναικῶν λε[γομέν]η [ἰσίδος ν]εφρέμιδο(ς) καὶ ἁρποκράτο(υ) θεῶν μ[ε]γίστων [τοῖ]ς ἁγνεύουσι ἱερεῦσι σ[οκνο]π(αίου) θεοῦ μεγάλου (*SPP* XXII 183, 138 CE)

	κατὰ ἕλληνας/ῥωμαίους ... ἡμέρα ἡλίου / κατὰ ἰουδαίους/χριστιανούς ... πρώτη/κυριακὴ ἡμέρα	ἡμέρα σελήνης / δευτέρα ἡμέρα	ἡμέρα ἄρεως / τρίτη ἡμέρα	ἡμέρα ἑρμοῦ / τετάρτη ἡμέρα	ἡμέρα διός / πέμπτη ἡμέρα	ἡμέρα ἀφροδίτης / παρασκευὴ ἡμέρα	ἡμέρα κρόνου / τὸ σάββατον
θωθ	**α** πρώτη θωθ — *ἡ τοῦ νέου ἔτους κωμασία* (P.Strasb. II 91, 86 CE)	**β** δευτέρα θωθ	**γ** τρίτη θωθ	**δ** τετάρτη θωθ — **καλάνδαι σεπτέμβριαι**	**ε** πέμπτη θωθ	**ς** ἕκτη θωθ	**ζ** ἑβδόμη θωθ
ῥωμ.	**κθ** εἰκοστὴ ἐνάτη αὐγούστου — *ἁγνεία ἡμερῶν ζ* (SPP XXII 183, 138 CE)	**λ** τριακοστὴ αὐγούστου / πρὸ τριῶν καλανδῶν σεπτεμβρίου	**λα** τριακοστὴ πρώτη αὐγούστου / πρὸ μιᾶς καλανδῶν σεπτεμβρίου	**α** (πρώτη σεπτεμβρίου) — *ἑορτὴ θωθ* (P.Gen. IV 180, 6th/7th CE)	**β** (δευτέρα σεπτεμβρίου) / πρὸ τεσσάρων νωνῶν σεπτεμβρίου	**γ** (τρίτη σεπτεμβρίου) / πρὸ τριῶν νωνῶν σεπτεμβρίου	**δ** (τετάρτη σεπτεμβρίου) / πρὸ μιᾶς νωνῶν σεπτεμβρίου
θωθ	**η** ὀγδόη θωθ	**θ** ἐνάτη θωθ — *οἱ αἰγύπτιοι ὀπτῶν ἰχθῦν κατεσθίουσιν πρὸ τῆς αὐλίου* (Plutarch, Περὶ ἴσιδος καὶ ὀσίριδος)	**ι** δεκάτη θωθ	**ια** ἑνδεκάτη θωθ	**ιβ** δωδεκάτη θωθ	**ιγ** δεκάτη τρίτη θωθ	**ιδ** δεκάτη τετάρτη θωθ
ῥωμ.	**ε** (πέμπτη σεπτεμβρίου) — **νῶναι σεπτέμβριαι**	**ς** (ἕκτη σεπτεμβρίου) / πρὸ ὀκτὼ εἰδῶν σεπτεμβρίου	**ζ** (ἑβδόμη σεπτεμβρίου) / πρὸ ἑπτὰ εἰδῶν σεπτεμβρίου	**η** (ὀγδόη σεπτεμβρίου) / πρὸ ἓξ εἰδῶν σεπτεμβρίου	**θ** (ἐνάτη σεπτεμβρίου) / πρὸ πέντε εἰδῶν σεπτεμβρίου	**ι** (δεκάτη σεπτεμβρίου) / πρὸ τεσσάρων εἰδῶν σεπτεμβρίου	**ια** (ἑνδεκάτη σεπτεμβρίου) / πρὸ τριῶν εἰδῶν σεπτεμβρίου
θωθ	**ιε** δεκάτη πέμπτη θωθ	**ις** δεκάτη ἕκτη θωθ	**ιζ** δεκάτη ἑβδόμη θωθ	**ιη** δεκάτη ὀγδόη θωθ	**ιθ** δεκάτη ἐνάτη θωθ — *ἑρμαῖα ἡμερῶν ζ* (SPP XXII 183, 138 CE)	**κ** εἰκοστὴ θωθ	**κα** εἰκοστὴ πρώτη θωθ
ῥωμ.	**ιβ** (δωδεκάτη σεπτεμβρίου) / πρὸ δύο εἰδῶν σεπτεμβρίου	**ιγ** (δεκάτη τρίτη σεπτεμβρίου) — **εἰδοὶ σεπτέμβριαι**	**ιδ** (δεκάτη τετάρτη σεπτεμβρίου) / πρὸ δεκαοκτὼ καλανδῶν ὀκτωβρίου	**ιε** (δεκάτη πέμπτη σεπτεμβρίου) / πρὸ δεκαεπτὰ καλανδῶν ὀκτωβρίου	**ις** (δεκάτη ἕκτη σεπτεμβρίου) / πρὸ δεκαὲξ καλανδῶν ὀκτωβρίου	**ιζ** (δεκάτη ἑβδόμη σεπτεμβρίου) / πρὸ δεκαπέντε καλανδῶν ὀκτωβρίου	**ιη** (δεκάτη ὀγδόη σεπτεμβρίου) / πρὸ δεκατεσσάρων καλανδῶν ὀκτωβρίου
θωθ	**κβ** εἰκοστὴ δευτέρα θωθ	**κγ** εἰκοστὴ τρίτη θωθ	**κδ** εἰκοστὴ τετάρτη θωθ	**κε** εἰκοστὴ πέμπτη θωθ	**κς** εἰκοστὴ ἕκτη θωθ	**κζ** εἰκοστὴ ἑβδόμη θωθ	**κη** εἰκοστὴ ὀγδόη θωθ
ῥωμ.	**ιθ** (δεκάτη ἐνάτη σεπτεμβρίου) / πρὸ δεκατρίων καλανδῶν ὀκτωβρίου	**κ** (εἰκοστὴ σεπτεμβρίου) / πρὸ δώδεκα καλανδῶν ὀκτωβρίου	**κα** (εἰκοστὴ πρώτη σεπτεμβρίου) / πρὸ ἕνδεκα καλανδῶν ὀκτωβρίου	**κβ** (εἰκοστὴ δευτέρα σεπτεμβρίου) / πρὸ δέκα καλανδῶν ὀκτωβρίου	**κγ** (εἰκοστὴ τρίτη σεπτεμβρίου) / πρὸ ἐννέα καλανδῶν ὀκτωβρίου	**κδ** (εἰκοστὴ τετάρτη σεπτεμβρίου) / πρὸ ὀκτὼ καλανδῶν ὀκτωβρίου	**κε** (εἰκοστὴ πέμπτη σεπτεμβρίου) / πρὸ ἑπτὰ καλανδῶν ὀκτωβρίου
θωθ	**κθ** εἰκοστὴ ἐνάτη θωθ	**λ** τριακοστὴ θωθ					
ῥωμ.	**κς** (εἰκοστὴ ἕκτη σεπτεμβρίου) / πρὸ ἓξ καλανδῶν ὀκτωβρίου	**κζ** (εἰκοστὴ ἑβδόμη σεπτεμβρίου) / πρὸ πέντε καλανδῶν ὀκτωβρίου					

φαωφι

- Phaophi is the second month of the season of Akhet (season of flooding)

- The month is named for the feast of Opet

- In early Ptolemaic times (3rd c. BCE–early 2nd c. BCE), the month of Phaophi began in December or November. After the Alexandrian reform (effectual from 26 BCE) and the Augustan reform (8 BCE), Phaophi began on the 28th of September generally and on the 29th of September in leap years

- The χαρμόσυνα 'festival of rejoicing' (16th of Phaophi) was associated with different deities throughout its history, including Apis of Memphis, Osiris, Serapis, and Isis

- There is a reference to τῆι νηστείαι τῆς δήμητρος 'the fast of Demeter' in Phaophi from an early Ptolemaic (244 BCE) papyrus (*P.Cair.Zen.* III 59350), but the date can only be set as before the 5th. There is also a reference to τὰ θεσμοφόρια 'Thesmophoria festival' (Demeter's festival) in a 255 BCE papyrus (*P.Cair.Zen.* II), but the specific date in Phaophi cannot be determined

κατὰ Ἕλληνας/Ῥωμαίους … ἡμέρα ἡλίου / κατὰ Ἰουδαίους/Χριστιανούς … πρώτη/κυριακὴ ἡμέρα	ἡμέρα σελήνης / δευτέρα ἡμέρα	ἡμέρα Ἄρεως / τρίτη ἡμέρα	ἡμέρα Ἑρμοῦ / τετάρτη ἡμέρα	ἡμέρα Διός / πέμπτη ἡμέρα	ἡμέρα Ἀφροδίτης / παρασκευὴ ἡμέρα	ἡμέρα Κρόνου / τὸ σάββατον
		α πρώτη φαῶφι / (εἰκοστὴ ὀγδόη σεπτεμβρίου) / πρὸ τεσσάρων καλανδῶν ὀκτωβρίου	**β** δευτέρα φαῶφι / (εἰκοστὴ ἐνάτη σεπτεμβρίου) / πρὸ τριῶν καλανδῶν ὀκτωβρίου	**γ** τρίτη φαῶφι / (τριακοστὴ σεπτεμβρίου) / πρὸ μιᾶς καλανδῶν ὀκτωβρίου	**δ** τετάρτη φαῶφι / **καλάνδαι ὀκτώβριαι** / (πρώτη ὀκτωβρίου)	**ε** πέμπτη φαῶφι / (δευτέρα ὀκτωβρίου) / πρὸ ἓξ νωνῶν ὀκτωβρίου
ς ἕκτη φαῶφι / (τρίτη ὀκτωβρίου) / πρὸ πέντε νωνῶν ὀκτωβρίου	**ζ** ἑβδόμη φαῶφι / (τετάρτη ὀκτωβρίου) / πρὸ τεσσάρων νωνῶν ὀκτωβρίου	**η** ὀγδόη φαῶφι / (πέμπτη ὀκτωβρίου) / πρὸ τριῶν νωνῶν ὀκτωβρίου	**θ** ἐνάτη φαῶφι / (ἕκτη ὀκτωβρίου) / πρὸ μιᾶς νωνῶν ὀκτωβρίου — *χρύσωσις ναοῦ σοκνοπαίου θεοῦ μεγάλου ἡμερῶν θ (BGU I 149, 2nd/3rd CE)*	**ι** δεκάτη φαῶφι / **νῶναι ὀκτώβριαι** / (ἑβδόμη ὀκτωβρίου)	**ια** ἑνδεκάτη φαῶφι / (ὀγδόη ὀκτωβρίου) / πρὸ ὀκτὼ εἰδῶν ὀκτωβρίου	**ιβ** δωδεκάτη φαῶφι / (ἐνάτη ὀκτωβρίου) / πρὸ ἑπτὰ εἰδῶν ὀκτωβρίου
ιγ δεκάτη τρίτη φαῶφι / (δεκάτη ὀκτωβρίου) / πρὸ ἓξ εἰδῶν ὀκτωβρίου	**ιδ** δεκάτη τετάρτη φαῶφι / (ἑνδεκάτη ὀκτωβρίου) / πρὸ πέντε εἰδῶν ὀκτωβρίου	**ιε** δεκάτη πέμπτη φαῶφι / (δωδεκάτη ὀκτωβρίου) / πρὸ τεσσάρων εἰδῶν ὀκτωβρίου	**ις** δεκάτη ἕκτη φαῶφι / (δεκάτη τρίτη ὀκτωβρίου) / πρὸ τριῶν εἰδῶν ὀκτωβρίου — *χαρμόσυνα ἡμερῶν η (SPP XXII 183, 138 CE)*	**ιζ** δεκάτη ἑβδόμη φαῶφι / (δεκάτη τετάρτη ὀκτωβρίου) / πρὸ μιᾶς εἰδῶν ὀκτωβρίου	**ιη** δεκάτη ὀγδόη φαῶφι / **εἰδοὶ ὀκτώβριαι** / (δεκάτη πέμπτη ὀκτωβρίου)	**ιθ** δεκάτη ἐνάτη φαῶφι / (δεκάτη ἕκτη ὀκτωβρίου) / πρὸ δεκαεπτὰ καλανδῶν νοεμβρίου — *ἡ ἑορτὴ τοῦ φαῶφι? (P.Strasb. IV 233, 251-300 CE)*
κ εἰκοστὴ φαῶφι / (δεκάτη ἑβδόμη ὀκτωβρίου) / πρὸ δεκαὲξ καλανδῶν νοεμβρίου	**κα** εἰκοστὴ πρώτη φαῶφι / (δεκάτη ὀγδόη ὀκτωβρίου) / πρὸ δεκαπέντε καλανδῶν νοεμβρίου	**κβ** εἰκοστὴ δευτέρα φαῶφι / (δεκάτη ἐνάτη ὀκτωβρίου) / πρὸ δεκατεσσάρων καλανδῶν νοεμβρίου	**κγ** εἰκοστὴ τρίτη φαῶφι / (εἰκοστὴ ὀκτωβρίου) / πρὸ δεκατριῶν καλανδῶν νοεμβρίου	**κδ** εἰκοστὴ τετάρτη φαῶφι / (εἰκοστὴ πρώτη ὀκτωβρίου) / πρὸ δώδεκα καλανδῶν νοεμβρίου	**κε** εἰκοστὴ πέμπτη φαῶφι / (εἰκοστὴ δευτέρα ὀκτωβρίου) / πρὸ ἕνδεκα καλανδῶν νοεμβρίου	**κς** εἰκοστὴ ἕκτη φαῶφι / (εἰκοστὴ τρίτη ὀκτωβρίου) / πρὸ δέκα καλανδῶν νοεμβρίου
κζ εἰκοστὴ ἑβδόμη φαῶφι / (εἰκοστὴ τετάρτη ὀκτωβρίου) / πρὸ ἐννέα καλανδῶν νοεμβρίου	**κη** εἰκοστὴ ὀγδόη φαῶφι / (εἰκοστὴ πέμπτη ὀκτωβρίου) / πρὸ ὀκτὼ καλανδῶν νοεμβρίου — *ἑορτὴ ἐν κώμῃ Τεβτῦνι ἡμερῶν ς (SB III 6946, 219/233 CE)*	**κθ** εἰκοστὴ ἐνάτη φαῶφι / (εἰκοστὴ ἕκτη ὀκτωβρίου) / πρὸ ἑπτὰ καλανδῶν νοεμβρίου	**λ** τριακοστὴ φαῶφι / (εἰκοστὴ ἑβδόμη ὀκτωβρίου) / πρὸ ἓξ καλανδῶν νοεμβρίου			

- Hathyr is the third month of the season of Akhet (season of flooding)

- The month is named after Hathor, the Egyptian goddess of the sky

- In early Ptolemaic times (3rd c. **BCE**–early 2nd c. **BCE**), the month of Hathyr began in January or December. After the Alexandrian reform (effectual from **26 BCE**) and the Augustan reform (**8 BCE**), Hathyr began on the 28th of October generally and on the 29th of October in leap years

- In Greco-Roman times, a papyrus (*P.Oxy.* XXXI 2553, 175-225 **CE**) with a calendar of worship offerings includes the phrase καὶ ἐκθέωσι ἀντινόο[υ] 'for the deification of Antinous', whom Hadrian had divinized for cult worship after his untimely death in October of 130 CE

κατὰ ἕλληνας/ῥωμαίους ... ἡμέρα ἡλίου
κατὰ ἰουδαίους/χριστιανούς ... πρώτη/κυριακὴ ἡμέρα

ἡμέρα ἡλίου / πρώτη/κυριακὴ ἡμέρα	ἡμέρα σελήνης / δευτέρα ἡμέρα	ἡμέρα ἄρεως / τρίτη ἡμέρα	ἡμέρα ἕρμου / τετάρτη ἡμέρα	ἡμέρα διός / πέμπτη ἡμέρα	ἡμέρα ἀφροδίτης / παρασκευὴ ἡμέρα	ἡμέρα κρόνου / τὸ σάββατον
						γ τρίτη ἀθύρ — *ἐκθέωσις ἀντινόου?* (P.Oxy. XXXI 2553, 175–225 CE) / **λ** (τριακοστὴ ὀκτωβρίου) — πρὸ τριῶν καλανδῶν νοεμβρίων
δ τετάρτη ἀθύρ / **λα** (τριακοστὴ πρώτη ὀκτωβρίου) — πρὸ μιᾶς καλανδῶν νοεμβρίων	**ε** πέμπτη ἀθύρ / **καλάνδαι νοέμβριαι** — **α** (πρώτη νοεμβρίου)	**ϛ** ἕκτη ἀθύρ — *ἑορτὴ ἐν τῇ σενέπτα* (P.Oxy. III 475, 182 CE) / **β** (δευτέρα νοεμβρίου) — πρὸ τεσσάρων νωνῶν νοεμβρίων	**ζ** ἑβδόμη ἀθύρ — *γενέσια σοκνοπαίου θεοῦ μεγάλου ἡμερῶν ιθ* (SPP XXII 183, 138 CE) / **γ** (τρίτη νοεμβρίου) — πρὸ τριῶν νωνῶν νοεμβρίων	**η** ὀγδόη ἀθύρ / **δ** (τετάρτη νοεμβρίου) — πρὸ μιᾶς νωνῶν νοεμβρίων	**θ** ἐνάτη ἀθύρ / **νῶναι νοέμβριαι** — **ε** (πέμπτη νοεμβρίου)	**ι** δεκάτη ἀθύρ / **ϛ** (ἕκτη νοεμβρίου) — πρὸ ὀκτὼ εἰδῶν νοεμβρίων
ια ἑνδεκάτη ἀθύρ / **ζ** (ἑβδόμη νοεμβρίου) — πρὸ ἑπτὰ εἰδῶν νοεμβρίων — *ἡμέραι ἑορτῶν τέσσαρες* (P.Oxy. XXXIV 2721, 234 CE)	**ιβ** δωδεκάτη ἀθύρ / **η** (ὀγδόη νοεμβρίου) — πρὸ ἓξ εἰδῶν νοεμβρίων	**ιγ** δεκάτη τρίτη ἀθύρ / **θ** (ἐνάτη νοεμβρίου) — πρὸ πέντε εἰδῶν νοεμβρίων	**ιδ** δεκάτη τετάρτη ἀθύρ / **ι** (δεκάτη νοεμβρίου) — πρὸ τεσσάρων εἰδῶν νοεμβρίων	**ιε** δεκάτη πέμπτη ἀθύρ / **ια** (ἑνδεκάτη νοεμβρίου) — πρὸ τριῶν εἰδῶν νοεμβρίων	**ιϛ** δεκάτη ἕκτη ἀθύρ / **ιβ** (δωδεκάτη νοεμβρίου) — πρὸ μιᾶς εἰδῶν νοεμβρίων	**ιζ** δεκάτη ἑβδόμη ἀθύρ / **εἰδοὶ νοέμβριαι** — *τὰ εἰσιτία ἡμερῶν δ* (Plutarch. Περὶ Ἴσιδος καὶ Ὀσίριδος) — **ιγ** (δεκάτη τρίτη νοεμβρίου)
ιη δεκάτη ὀγδόη ἀθύρ / **ιδ** (δεκάτη τετάρτη νοεμβρίου) — πρὸ δεκαπέντε καλανδῶν δεκεμβρίων	**ιθ** δεκάτη ἐνάτη ἀθύρ / **ιε** (δεκάτη πέμπτη νοεμβρίου) — πρὸ δεκατεσσάρων καλανδῶν δεκεμβρίων	**κ** εἰκοστὴ ἀθύρ / **ιϛ** (δεκαέξ νοεμβρίου) — πρὸ δεκατρεῖς καλανδῶν δεκεμβρίων	**κα** εἰκοστὴ πρώτη ἀθύρ / **ιζ** (δεκάτη ἑβδόμη νοεμβρίου) — πρὸ δεκαπέντε καλανδῶν δεκεμβρίων	**κβ** εἰκοστὴ δευτέρα ἀθύρ / **ιη** (δεκατοκτὼ νοεμβρίου) — πρὸ δεκατριῶν καλανδῶν δεκεμβρίων	**κγ** εἰκοστὴ τρίτη ἀθύρ / **ιθ** (δεκαέννατη νοεμβρίου) — πρὸ δωδεκάτη καλανδῶν δεκεμβρίων	**κδ** εἰκοστὴ τετάρτη ἀθύρ / **κ** (εἰκοστὴ νοεμβρίου) — πρὸ δώδεκα καλανδῶν δεκεμβρίων
κε εἰκοστὴ πέμπτη ἀθύρ / **κα** (εἰκοστὴ πρώτη νοεμβρίου) — πρὸ ἕνδεκα καλανδῶν δεκεμβρίων	**κϛ** εἰκοστὴ ἕκτη ἀθύρ / **κβ** (εἰκοστὴ δευτέρα νοεμβρίου) — πρὸ δέκα καλανδῶν δεκεμβρίων	**κζ** εἰκοστὴ ἑβδόμη ἀθύρ / **κγ** (εἰκοστὴ τρίτη νοεμβρίου) — πρὸ ἐννέα καλανδῶν δεκεμβρίων	**κη** εἰκοστὴ ὀγδόη ἀθύρ / **κδ** (εἰκοστὴ τετάρτη νοεμβρίου) — πρὸ ὀκτὼ καλανδῶν δεκεμβρίων	**κθ** εἰκοστὴ ἐνάτη ἀθύρ / **κε** (εἰκοστὴ πέμπτη νοεμβρίου) — πρὸ ἑπτὰ καλανδῶν δεκεμβρίων	**λ** τριακοστὴ ἀθύρ / **κϛ** (εἰκοστὴ ἕκτη νοεμβρίου) — πρὸ ἓξ καλανδῶν δεκεμβρίων	

xoiak

- Khoiak is the fourth month of the season of Akhet (season of flooding)

- The month name Khoiak originally comes from a phrase meaning "Ka upon Ka"

- In early Ptolemaic times (3rd c. BCE–early 2nd c. BCE), the month of Khoiak began in February or January. After the Alexandrian reform (effectual from 26 BCE) and the Augustan reform (8 BCE), Khoiak began on the 27th of November generally and on the 28th of November in leap years

- The Osiris rituals in Khoiak were among the most important festivals in the ancient Egyptian year

- In Ptolemaic times, after the death of the young princess Berenike in 238 BCE, her mourning rites came to be a sort of continuation of the Osiris rituals (Canopus Decree [Cairo CG 22187])

- In Greco-Roman times, the 26th of Khoiak marked the beginning of the σαραπιεῖα festival (*SPP* XXII.183), celebrated in honor of the Greco-Egyptian god Σέραπις; this likely constitutes a continuation of the earlier Egyptian/Ptolemaic Osiris festival and exhibits some of the syncretism common in Greco-Roman Egypt

- Attested in a Ptolemaic papyrus (*BGU* VII 1552 II) is the phrase καὶ εἰς τὰ θεσμοφορια ἀρ(τάβαι) κβ 'and 22 artabas for the Thesmophoria festival', which indicates that Demeter's festival occurred in Khoiak during this period, but the exact date on which it was celebrated is unspecified

κατὰ ἰουδαίους/χριστιανούς... πρώτη/κυριακὴ ἡμέρα	δευτέρα ἡμέρα	τρίτη ἡμέρα	τετάρτη ἡμέρα	πέμπτη ἡμέρα	παρασκευὴ ἡμέρα	τὸ σάββατον
						α πρώτη χοιάκ
β δευτέρα χοιάκ (εἰκοστὴ ἐνάτη νοεμβρίου) πρὸ τεσσάρων καλανδῶν δεκεμβρίου	**γ** τρίτη χοιάκ (εἰκοστὴ ἐνάτη νοεμβρίου) πρὸ τριῶν καλανδῶν δεκεμβρίου	**δ** τετάρτη χοιάκ — θυσία ἀντινόου? (P.Oxy. XXXI 2553, 175-225 CE) (τριακοστὴ νοεμβρίου) πρὸ μιᾶς καλανδῶν δεκεμβρίου	**ε** πέμπτη χοιάκ — **καλάνδαι δεκέμβριαι** (πρώτη δεκεμβρίου)	**ϛ** ἕκτη χοιάκ (δευτέρα δεκεμβρίου) πρὸ τεσσάρων νωνῶν δεκεμβρίου	**ζ** ἑβδόμη χοιάκ (τρίτη δεκεμβρίου) πρὸ τριῶν νωνῶν δεκεμβρίου	**η** ὀγδόη χοιάκ — γάμοι εἴσοδος νεφερῶτος θεᾶς μεγίστης ἡμερῶν θ (W.Chrest. 92, 3rd BCE) (τετάρτη δεκεμβρίου) πρὸ μιᾶς νωνῶν δεκεμβρίου
θ ἐνάτη χοιάκ — **νῶναι δεκέμβριαι** (πέμπτη δεκεμβρίου)	**ι** δεκάτη χοιάκ (ἕκτη δεκεμβρίου) πρὸ ὀκτὼ εἰδῶν δεκεμβρίου	**ια** ἑνδεκάτη χοιάκ (ἑβδόμη δεκεμβρίου) πρὸ ἑπτὰ εἰδῶν δεκεμβρίου	**ιβ** δωδεκάτη χοιάκ (ὀγδόη δεκεμβρίου) πρὸ ἓξ εἰδῶν δεκεμβρίου	**ιγ** δεκάτη τρίτη χοιάκ (ἐνάτη δεκεμβρίου) πρὸ πέντε εἰδῶν δεκεμβρίου	**ιδ** δεκάτη τετάρτη χοιάκ (δεκάτη δεκεμβρίου) πρὸ τεσσάρων εἰδῶν δεκεμβρίου	**ιε** δεκάτη πέμπτη χοιάκ — γενέθλιος ἑστίας (P.Osl. III 77, 169-176 CE) (ἑνδεκάτη δεκεμβρίου) πρὸ τριῶν εἰδῶν δεκεμβρίου
ιϛ δεκάτη ἕκτη χοιάκ (δωδεκάτη δεκεμβρίου) πρὸ μιᾶς εἰδῶν δεκεμβρίου	**ιζ** δεκάτη ἑβδόμη χοιάκ — **εἰδοὶ δεκέμβριαι** (δεκάτη τρίτη δεκεμβρίου)	**ιη** δεκάτη ὀγδόη χοιάκ (δεκάτη τετάρτη δεκεμβρίου) πρὸ δεκαεννέα καλανδῶν ἰανουαρίων	**ιθ** δεκάτη ἐνάτη χοιάκ (δεκάτη πέμπτη δεκεμβρίου) πρὸ δεκαοκτὼ καλανδῶν ἰανουαρίων	**κ** εἰκοστὴ χοιάκ (δεκάτη ἕκτη δεκεμβρίου) πρὸ δεκαεπτὰ καλανδῶν ἰανουαρίων	**κα** εἰκοστὴ πρώτη χοιάκ — τὰ σατορνάλια (P.Fay. 119, ca. 100 CE) (δεκάτη ἑβδόμη δεκεμβρίου) πρὸ δεκαὲξ καλανδῶν ἰανουαρίων	**κβ** εἰκοστὴ δευτέρα χοιάκ (δεκάτη ὀγδόη δεκεμβρίου) πρὸ δεκαπέντε καλανδῶν ἰανουαρίων
κγ εἰκοστὴ τρίτη χοιάκ (δεκάτη ἐνάτη δεκεμβρίου) πρὸ δεκατεσσάρων καλανδῶν ἰανουαρίων	**κδ** εἰκοστὴ τετάρτη χοιάκ (εἰκοστὴ δεκεμβρίου) πρὸ δεκατριῶν καλανδῶν ἰανουαρίων	**κε** εἰκοστὴ πέμπτη χοιάκ (εἰκοστὴ πρώτη δεκεμβρίου) πρὸ δώδεκα καλανδῶν ἰανουαρίων	**κϛ** εἰκοστὴ ἕκτη χοιάκ — ἑορτὴ ὀσίριδος (P.Hib. I 27, 294-290 BCE); τὰ σαραπεῖα ἡμερῶν η (SPP XXII 183, 138 CE) (εἰκοστὴ δευτέρα δεκεμβρίου) πρὸ ἕνδεκα καλανδῶν ἰανουαρίων	**κζ** εἰκοστὴ ἑβδόμη χοιάκ (εἰκοστὴ τρίτη δεκεμβρίου) πρὸ δέκα καλανδῶν ἰανουαρίων	**κη** εἰκοστὴ ὀγδόη χοιάκ (εἰκοστὴ τετάρτη δεκεμβρίου) πρὸ ἐννέα καλανδῶν ἰανουαρίων	**κθ** εἰκοστὴ ἐνάτη χοιάκ — τὰ κικήλλια (OGIS I 56, 239/238 BCE); ἡ ἀναγωγὴ τοῦ ἱεροῦ πλοίου τοῦ ὀσίριδος (OGIS I 56, 239/238 BCE) — **κε** (εἰκοστὴ πέμπτη δεκεμβρίου) πρὸ ὀκτὼ καλανδῶν ἰανουαρίων
λ τριακοστὴ χοιάκ — **κϛ** (εἰκοστὴ ἕκτη δεκεμβρίου) πρὸ ἑπτὰ καλανδῶν ἰανουαρίων						

Tybi

- Tybi is the first month of the season of Peret (season of planting)

- The name of the month means "The Offering"

- In early Ptolemaic times (3rd c. BCE – early 2nd c. BCE), the month of Tybi began in March or February. After the Alexandrian reform (effectual from 26 BCE) and the Augustan reform (8 BCE), Khoiak began on the 27th of December generally and on the 28th of December in leap years

- In Greco-Roman times, there is mention in the papyri of a ἀρτοκράτια festival celebrated in honor of the child god ἁρποκράτης, son of Isis and Serapis. This was not celebrated all over Egypt but in the localities of Soknopaiou Nesos, where it was held on the 16th of Tybi (*SPP* XXII.183), and Euhemeria, where it was held on the 14th of Tybi (*P.Fay.* 117). This festival was instituted in the Ptolemaic period and continued until the second century CE

κατὰ ἕλληνας/ῥωμαίους: ἡμέρα ἡλίου / κατὰ ἰουδαίους/χριστιανούς: πρώτη/κυριακὴ ἡμέρα	ἡμέρα σελήνης / δευτέρα ἡμέρα	ἡμέρα ἄρεως / τρίτη ἡμέρα	ἡμέρα ἑρμοῦ / τετάρτη ἡμέρα	ἡμέρα διός / πέμπτη ἡμέρα	ἡμέρα ἀφροδίτης / παρασκευὴ ἡμέρα	ἡμέρα κρόνου / τὸ σάββατον
	α πρώτη τῦβι — *καθίδρυσις ναοῦ θεᾶς ἰσιδος νεφερέμμιδος μεγίστης (SPP XXII 183, 138 CE)* — (εἰκοστὴ ἑβδόμη δεκεμβρίου) / πρὸ ἓξ καλανδῶν ἰανουαρίων	β δευτέρα τῦβι (εἰκοστὴ ὀγδόη δεκεμβρίου) / πρὸ πέντε καλανδῶν ἰανουαρίων	γ τρίτη τῦβι (εἰκοστὴ ἐνάτη δεκεμβρίου) / πρὸ τεσσάρων καλανδῶν ἰανουαρίων	δ τετάρτη τῦβι — *θυσία ἐν τῇ ἐπαύλι (P.Sarap. 76, 90-133 CE)* — (τριακοστὴ δεκεμβρίου) / πρὸ τριῶν καλανδῶν ἰανουαρίων	ε πέμπτη τῦβι (τριακοστὴ πρώτη δεκεμβρίου) / πρὸ μιᾶς καλανδῶν ἰανουαρίων	ϛ ἕκτη τῦβι // **καλάνδαι ἰανουάριαι** α (πρώτη ἰανουαρίου)
ζ ἑβδόμη τῦβι — *ἄφιξις ἴσιδος ἐκ φοινίκης (Plutarch, Περὶ ἴσιδος καὶ ὀσίριδος)* — (δευτέρα ἰανουαρίου) / πρὸ τεσσάρων νωνῶν ἰανουαρίων	η ὀγδόη τῦβι — *καθίδρυσις ναοῦ θεοῦ σοκνοπαίου μεγάλου ἡμερῶν ζ (SPP XXII 183, 138 CE)* — (τρίτη ἰανουαρίου) / πρὸ τριῶν νωνῶν ἰανουαρίων	θ ἐνάτη τῦβι (τετάρτη ἰανουαρίου) / πρὸ μιᾶς νωνῶν ἰανουαρίων	ι δεκάτη τῦβι // **νῶναι ἰανουάριαι** (πέμπτη ἰανουαρίου)	ια ἑνδεκάτη τῦβι (ἕκτη ἰανουαρίου) / πρὸ ὀκτὼ εἰδῶν ἰανουαρίων	ιβ δωδεκάτη τῦβι (ἑβδόμη ἰανουαρίου) / πρὸ ἑπτὰ εἰδῶν ἰανουαρίων	ιγ δεκάτη τρίτη τῦβι (ὀγδόη ἰανουαρίου) / πρὸ ἓξ εἰδῶν ἰανουαρίων
ιδ δεκάτη τετάρτη τῦβι (ἐνάτη ἰανουαρίου) / πρὸ πέντε εἰδῶν ἰανουαρίων	ιε δεκάτη πέμπτη τῦβι (δεκάτη ἰανουαρίου) / πρὸ τεσσάρων εἰδῶν ἰανουαρίων	ιϛ δεκάτη ἕκτη τῦβι — *ἀρτοκρασία (SPP XXII 183, 138 CE)* — (ἑνδεκάτη ἰανουαρίου) / πρὸ τριῶν εἰδῶν ἰανουαρίων	ιζ δεκάτη ἑβδόμη τῦβι — *ἑορτὴ θυγατρὸς ἡλίου (καὶ βερενίκης) ἡμερῶν δ (OGIS I 56, 239/238 BCE)* — (δωδεκάτη ἰανουαρίου) / πρὸ μιᾶς εἰδῶν ἰανουαρίων	ιη δεκάτη ὀγδόη τῦβι // **εἰδοὶ ἰανουάριαι** ιγ (δεκάτη τρίτη ἰανουαρίου)	ιθ δεκάτη ἐνάτη τῦβι (δεκάτη τετάρτη ἰανουαρίου) / πρὸ δεκαεννέα καλανδῶν φεβρουαρίων	κ εἰκοστὴ τῦβι (δεκάτη πέμπτη ἰανουαρίου) / πρὸ δεκαοκτὼ καλανδῶν φεβρουαρίων
κα εἰκοστὴ πρώτη τῦβι (δεκάτη ἕκτη ἰανουαρίου) / πρὸ δεκαεπτὰ καλανδῶν φεβρουαρίων	κβ εἰκοστὴ δευτέρα τῦβι (δεκάτη ἑβδόμη ἰανουαρίου) / πρὸ δεκαὲξ καλανδῶν φεβρουαρίων	κγ εἰκοστὴ τρίτη τῦβι (δεκάτη ὀγδόη ἰανουαρίου) / πρὸ δεκαπέντε καλανδῶν φεβρουαρίων	κδ εἰκοστὴ τετάρτη τῦβι (δεκάτη ἐνάτη ἰανουαρίου) / πρὸ δεκατεσσάρων καλανδῶν φεβρουαρίων	κε εἰκοστὴ πέμπτη τῦβι — *καθίδρυσις τῆς πόλεως ἀλεξανδρείας (Ps.-Callisthenes, I 32, ca. 300 CE)* — (εἰκοστὴ ἰανουαρίου) / πρὸ δεκατριῶν καλανδῶν φεβρουαρίων	κϛ εἰκοστὴ ἕκτη τῦβι — *ἥρανα ἡμερῶν ζ (SPP XXII 183, 138 CE); ἔκβασις τῆς ἑορτῆς ἡμερῶν ε (P.Flor. 74, 181 CE)* — (εἰκοστὴ πρώτη ἰανουαρίου) / πρὸ δεκαδύο καλανδῶν φεβρουαρίων	κζ εἰκοστὴ ἑβδόμη τῦβι (εἰκοστὴ δευτέρα ἰανουαρίου) / πρὸ ἕνδεκα καλανδῶν φεβρουαρίων
κη εἰκοστὴ ὀγδόη τῦβι (εἰκοστὴ τρίτη ἰανουαρίου) / πρὸ δέκα καλανδῶν φεβρουαρίων	κθ εἰκοστὴ ἐνάτη τῦβι (εἰκοστὴ τετάρτη ἰανουαρίου) / πρὸ ἐννέα καλανδῶν φεβρουαρίων	λ τριακοστὴ τῦβι (εἰκοστὴ πέμπτη ἰανουαρίου) / πρὸ ὀκτὼ καλανδῶν φεβρουαρίων				

μεχειρ

- Mechir is the second month of the season of Peret (season of planting)

- The meaning of the name of the month is "The one of the censer"

- In early Ptolemaic times (3rd c. BCE – early 2nd c. BCE), the month of Mechir began in April or March. After the Alexandrian reform (effectual from 26 BCE) and the Augustan reform (8 BCE), Khoiak began on the 26th of January generally and on the 27th of January in leap years

- In Greco-Roman times, an accounting papyrus (*P.Oxy.* III 519, 2nd c. CE) cites the following for the 23rd of Mechir: μίμῳ (δραχμαὶ) ΥΩΣ, ὀμηριστῇ (δρ.) ὁ]ρχηστῇ [(δρ.)] ΡΙ·]Δ (account of ΥΜΗ, καὶ ὑπὲρ μου[σ]ι[κῶν (δρ.)... paying for a mime, a rhapsode, musicians, and a dancer'. Although the exact festival or spectacle is not named, this description seems indicative of a festive occasion

κατὰ ἕλληνας/ῥωμαίους ... ἡμέρα ἡλίου / κατὰ ἰουδαίους/χριστιανούς ... πρώτη/κυριακὴ ἡμέρα	ἡμέρα σελήνης / δευτέρα ἡμέρα	ἡμέρα ἄρεως / τρίτη ἡμέρα	ἡμέρα ἕρμου / τετάρτη ἡμέρα	ἡμέρα διὸς / πέμπτη ἡμέρα	ἡμέρα ἀφροδίτης / παρασκευὴ ἡμέρα	ἡμέρα κρόνου / τὸ σάββατον
			α — πρώτη μεχείρ (εἰκοστὴ ἕκτη ἰανουαρίου)	β — δευτέρα μεχείρ (εἰκοστὴ ἑβδόμη ἰανουαρίου)	γ — τρίτη μεχείρ (εἰκοστὴ ὀγδόη ἰανουαρίου)	δ — τετάρτη μεχείρ (εἰκοστὴ ἐνάτη ἰανουαρίου)
ε — πέμπτη μεχείρ (τριακοστὴ ἰανουαρίου) πρό τρίων καλανδῶν φεβρουαρίων — **ῥοδοφόρια ἡμερῶν ιγ** (SPP XXII 183, 138 CE)	ϛ — ἕκτη μεχείρ (τριακοστὴ πρώτη ἰανουαρίου) πρό μιᾶς καλανδῶν φεβρουαρίων	ζ — ἑβδόμη μεχείρ — **καλάνδαι φεβρουάριαι** — α (πρώτη φεβρουαρίου)	η — ὀγδόη μεχείρ — β (δευτέρα φεβρουαρίου) πρό τεσσάρων νωνῶν φεβρουαρίων	θ — ἐνάτη μεχείρ — γ (τρίτη φεβρουαρίου) πρό τρίων νωνῶν φεβρουαρίων	ι — δεκάτη μεχείρ — δ (τετάρτη φεβρουαρίου) πρό μιᾶς νωνῶν φεβρουαρίων	ια — ἑνδεκάτη μεχείρ — **νῶναι φεβρουάριαι** — ε (πέμπτη φεβρουαρίου) — **ἑορτὴ ἀσκληπίου** (SPP XX 85, 321 CE)
ιβ — δωδεκάτη μεχείρ — ϛ (ἕκτη φεβρουαρίου) πρό ὀκτώ εἰδῶν φεβρουαρίων	ιγ — δεκάτη τρίτη μεχείρ — ζ (ἑβδόμη φεβρουαρίου) πρό ἑπτά εἰδῶν φεβρουαρίων	ιδ — δεκάτη τετάρτη μεχείρ — η (ὀγδόη φεβρουαρίου) πρό ἕξ εἰδῶν φεβρουαρίων	ιε — δεκάτη πέμπτη μεχείρ — θ (ἐνάτη φεβρουαρίου) πρό πέντε εἰδῶν φεβρουαρίων	ιϛ — δεκάτη ἕκτη μεχείρ — ι (δεκάτη φεβρουαρίου) πρό τεσσάρων εἰδῶν φεβρουαρίων	ιζ — δεκάτη ἑβδόμη μεχείρ — ια (ἑνδεκάτη φεβρουαρίου) πρό τρίων εἰδῶν φεβρουαρίων	ιη — δεκάτη ὀγδόη μεχείρ — ιβ (δωδεκάτη φεβρουαρίου) πρό μιᾶς εἰδῶν φεβρουαρίων
ιθ — δεκάτη ἐνάτη μεχείρ — **εἰδοὶ φεβρουάριαι** — ιγ (δεκάτη τρίτη φεβρουαρίου) — **πανήγυρις ἐν σᾶι τῆς ἀθηνᾶς** (P.Hib. I 27, 294–290 BCE)	κ — εἰκοστὴ μεχείρ — ιδ (δεκάτη τετάρτη φεβρουαρίου) πρό δεκαέξ καλανδῶν μαρτίων	κα — εἰκοστὴ πρώτη μεχείρ — ιε (δεκάτη πέμπτη φεβρουαρίου) πρό δεκαπέντε καλανδῶν μαρτίων	κβ — εἰκοστὴ δευτέρα μεχείρ — ιϛ (δεκάτη ἕκτη φεβρουαρίου) πρό δεκατεσσάρων καλανδῶν μαρτίων	κγ — εἰκοστὴ τρίτη μεχείρ — ιζ (δεκάτη ἑβδόμη φεβρουαρίου) πρό δεκατρίων καλανδῶν μαρτίων — **θεωρία ἐν ὀξυρύγχοις** (SPP XX 85, 321 CE)	κδ — εἰκοστὴ τετάρτη μεχείρ — ιη (δεκάτη ὀγδόη φεβρουαρίου) πρό δώδεκα καλανδῶν μαρτίων	κε — εἰκοστὴ πέμπτη μεχείρ — ιθ (δεκάτη ἐνάτη φεβρουαρίου) πρό ἕνδεκα καλανδῶν μαρτίων
κϛ — εἰκοστὴ ἕκτη μεχείρ — κ (εἰκοστὴ φεβρουαρίου) πρό δέκα καλανδῶν μαρτίων	κζ — εἰκοστὴ ἑβδόμη μεχείρ — κα (εἰκοστὴ πρώτη φεβρουαρίου) — **προμηθέως ἑορτή (ἰρθῶμις)** (P.Hib. I 27, 294–290 BCE)	κη — εἰκοστὴ ὀγδόη μεχείρ — κβ (εἰκοστὴ δευτέρα φεβρουαρίου) πρό ὀκτώ καλανδῶν μαρτίων	κθ — εἰκοστὴ ἐνάτη μεχείρ — κγ (εἰκοστὴ τρίτη φεβρουαρίου) πρό ἑπτά καλανδῶν μαρτίων	λ — τριακοστὴ μεχείρ — κδ (εἰκοστὴ τετάρτη φεβρουαρίου) πρό ἕξ καλανδῶν μαρτίων		

φαμενωθ

- Phamenoth is the third month of the season of Peret (season of planting)

- The meaning of the name of the month is "The one of Amen-hotep (I)"

- In early Ptolemaic times (3rd c. BCE–early 2nd c. BCE), the month of Phamenoth began in May or April. After the Alexandrian reform (effectual from 26 BCE) and the Augustan reform (8 BCE), Phamenoth began on the 25th of February generally and on the 26th of February in leap years

- In a Greco-Roman administrative papyrus for a temple (*P.Laur.* I 13, 3rd c. CE), there is the phrase ὑπὲρ κωμασίας [φαμ]ενώθ 'for the procession of Phamenoth'. Although a specific date is not mentioned, Egyptian sources mention several processions in the month that could be a match: 1st (Ptah, Khnum-Re), 10th (Khnum) 11th (Thoth), and 14th (Khnum)

κατὰ Ἕλληνας/Ῥωμαίους ... ἡμέρα ἡλίου / κατὰ ἰουδαίους/χριστιανούς ... πρώτη/κυριακὴ ἡμέρα	ἡμέρα σελήνης / δευτέρα ἡμέρα	ἡμέρα ἄρεως / τρίτη ἡμέρα	ἡμέρα ἕρμου / τετάρτη ἡμέρα	ἡμέρα διός / πέμπτη ἡμέρα	ἡμέρα ἀφροδίτης / παρασκευὴ ἡμέρα	ἡμέρα κρόνου / τὸ σάββατον
					α — πρώτη φαμενώθ (εἰκοστὴ πέμπτη φεβρουαρίου) — ἑορτὴ ἐμβάσεως ὀσείριδος εἰς τὴν σελήνην — ἔαρος ἀρχή (Plutarch, Περὶ Ἴσιδος καὶ Ὀσίριδος)	**β** — δευτέρα φαμενώθ (εἰκοστὴ ἕκτη φεβρουαρίου) πρὸ τεσσάρων καλανδῶν μαρτίων — καθιδρύσεις περιβόλου σοκνοπαίου θεοῦ ἡμερῶν ζ (SPP XXII 183, 138 CE)
γ — τρίτη φαμενώθ (εἰκοστὴ ἑβδόμη φεβρουαρίου) πρὸ τριῶν καλανδῶν μαρτίων	**δ** — τετάρτη φαμενώθ (εἰκοστὴ ὀγδόη φεβρουαρίου) πρὸ μιᾶς καλανδῶν μαρτίων	**ε** — πέμπτη φαμενώθ — **καλάνδαι μάρτιαι** (πρώτη μαρτίου)	**ϛ** — ἕκτη φαμενώθ (δευτέρα μαρτίου) πρὸ ἓξ νωνῶν μαρτίου	**ζ** — ἑβδόμη φαμενώθ (τρίτη μαρτίου) πρὸ πέντε νωνῶν μαρτίου	**η** — ὀγδόη φαμενώθ (τετάρτη μαρτίου) πρὸ τεσσάρων νωνῶν μαρτίου	**θ** — ἐνάτη φαμενώθ (πέμπτη μαρτίου) πρὸ τριῶν νωνῶν μαρτίου — ἔδυ ἑορτὴ νόμου ἡμερῶν ζ (P.Hib. I, 27, 294-290 BCE); πανήγυρις ὅλου τοῦ νόμου ἡμερῶν ζ (SPP XXII 183, 130 CE)
ι — δεκάτη φαμενώθ (ἕκτη μαρτίου) πρὸ μιᾶς νωνῶν μαρτίου — ἡμέραι ἑορτῶν πέντε (P.Oxy. X 1275, 3rd CE)	**ια** — ἑνδεκάτη φαμενώθ — **νῶναι μάρτιαι** (ἑβδόμη μαρτίου)	**ιβ** — δωδεκάτη φαμενώθ (ὀγδόη μαρτίου) πρὸ ὀκτὼ εἰδῶν μαρτίου	**ιγ** — δεκάτη τρίτη φαμενώθ (ἐνάτη μαρτίου) πρὸ ἑπτὰ εἰδῶν μαρτίου	**ιδ** — δεκάτη τετάρτη φαμενώθ (δεκάτη μαρτίου) πρὸ ἓξ εἰδῶν μαρτίου	**ιε** — δεκάτη πέμπτη φαμενώθ (ἑνδεκάτη μαρτίου) πρὸ πέντε εἰδῶν μαρτίου	**ιϛ** — δεκάτη ἕκτη φαμενώθ (δωδεκάτη μαρτίου) πρὸ τεσσάρων εἰδῶν μαρτίου — πανήγυρις καὶ ῥοδοφορεία (τοῦ ἄμμων?) (P.Oxy. LII 3694, 218-225 CE)
ιζ — δεκάτη ἑβδόμη φαμενώθ (δεκάτη τρίτη μαρτίου) πρὸ τριῶν εἰδῶν μαρτίου	**ιη** — δεκάτη ὀγδόη φαμενώθ (δεκάτη τετάρτη μαρτίου) πρὸ μιᾶς εἰδῶν μαρτίου	**ιθ** — δεκάτη ἐνάτη φαμενώθ — **εἰδοὶ μάρτιαι** (δεκάτη πέμπτη μαρτίου)	**κ** — εἰκοστὴ φαμενώθ (δεκάτη ἕκτη μαρτίου) πρὸ δεκαεπτὰ καλανδῶν ἀπριλίων	**κα** — εἰκοστὴ πρώτη φαμενώθ (δεκάτη ἑβδόμη μαρτίου) πρὸ δεκαὲξ καλανδῶν ἀπριλίων	**κβ** — εἰκοστὴ δευτέρα φαμενώθ (δεκάτη ὀγδόη μαρτίου) πρὸ δεκαπέντε καλανδῶν ἀπριλίων — θεωρίαι ἐν καρανίδι (P.Cairo Goodsp. XXX, 191/192 CE)	**κγ** — εἰκοστὴ τρίτη φαμενώθ (δεκάτη ἐνάτη μαρτίου) πρὸ δεκατεσσάρων καλανδῶν ἀπριλίων
κδ — εἰκοστὴ τετάρτη φαμενώθ (εἰκοστὴ μαρτίου) πρὸ δεκατριῶν καλανδῶν ἀπριλίων	**κε** — εἰκοστὴ πέμπτη φαμενώθ (εἰκοστὴ πρώτη μαρτίου) πρὸ δώδεκα καλανδῶν ἀπριλίων	**κϛ** — εἰκοστὴ ἕκτη φαμενώθ (εἰκοστὴ δευτέρα μαρτίου) πρὸ ἕνδεκα καλανδῶν ἀπριλίων	**κζ** — εἰκοστὴ ἑβδόμη φαμενώθ (εἰκοστὴ τρίτη μαρτίου) πρὸ δέκα καλανδῶν ἀπριλίων	**κη** — εἰκοστὴ ὀγδόη φαμενώθ (εἰκοστὴ τετάρτη μαρτίου) πρὸ ἐνέα καλανδῶν ἀπριλίων	**κθ** — εἰκοστὴ ἐνάτη φαμενώθ (εἰκοστὴ πέμπτη μαρτίου) πρὸ ὀκτὼ καλανδῶν ἀπριλίων	**λ** — τριακοστὴ φαμενώθ (εἰκοστὴ ἕκτη μαρτίου) πρὸ ἑπτὰ καλανδῶν ἀπριλίων

Φαρμουθι

- Pharmouthi is the fourth month of the season of Peret (season of planting)

- The meaning of the name of the month is "The one of Rennutet", the Egyptian cobra goddess of nourishment

- In early Ptolemaic times (3rd c. BCE–early 2nd c. BCE), the month of Pharmouthi began in June or May. After the Alexandrian reform (effectual from 26 BCE) and the Augustan reform (8 BCE), Pharmouthi began on the 27th of March in all years, since the Roman leap day fell in February and only brought about variation in Alexandrian–Roman date coordination in that month and prior months

- In Greco-Roman times, the 30th of Pharmouthi marked the beginning of a σαραπεῖα festival (see *P.Tebt.* I.119 for 10th of Pachon end date), celebrated for the Greco-Egyptian god Σέραπις; unlike the Khoiak σαραπεῖα festival, which continued the Osiris festival, the Pharmouthi σαραπεῖα focused on Zeus-like aspects of Σέραπις

	κατὰ Ἕλληνας/ῥωμαίους … ἡμέρα ἡλίου κατὰ ἰουδαίους/χριστιανούς … πρώτη/κυριακὴ ἡμέρα	ἡμέρα σελήνης δευτέρα ἡμέρα	ἡμέρα ἄρεως τρίτη ἡμέρα	ἡμέρα ἕρμου τετάρτη ἡμέρα	ἡμέρα διὸς πέμπτη ἡμέρα	ἡμέρα ἀφροδίτης παρασκευὴ ἡμέρα	ἡμέρα κρόνου τὸ σάββατον
	α πρώτη φαρμοῦθι	**β** δευτέρα φαρμοῦθι	**γ** τρίτη φαρμοῦθι	**δ** τετάρτη φαρμοῦθι	**ε** πέμπτη φαρμοῦθι	**ς** ἕκτη φαρμοῦθι	**ζ** ἑβδόμη φαρμοῦθι
	κζ (εἰκοστὴ ἑβδόμη μαρτίου) πρὸ ἓξ καλανδῶν ἀπριλίων	**κη** (εἰκοστὴ ὀγδόη μαρτίου) πρὸ πέντε καλανδῶν ἀπριλίων	**κθ** (εἰκοστὴ ἐνάτη μαρτίου) πρὸ τεσσάρων καλανδῶν ἀπριλίων	**λ** (τριακοστὴ μαρτίου) πρὸ τριῶν καλανδῶν ἀπριλίων	**λα** (τριακοστὴ πρώτη μαρτίου) πρὸ μιᾶς καλανδῶν ἀπριλίων	**α** (πρώτη ἀπριλίου) — **καλάνδαι ἀπρίλιαι**	**β** (δευτέρα ἀπριλίου) πρὸ τεσσάρων νωνῶν ἀπριλίων
	η ὀγδόη φαρμοῦθι	**θ** ἐνάτη φαρμοῦθι	**ι** δεκάτη φαρμοῦθι	**ια** ἑνδεκάτη φαρμοῦθι *(ἑορτὴ τῆς ἥρας, P.Hib. I 27, 294–290 BCE)*	**ιβ** δωδεκάτη φαρμοῦθι	**ιγ** δεκάτη τρίτη φαρμοῦθι	**ιδ** δεκάτη τετάρτη φαρμοῦθι
	γ (τρίτη ἀπριλίου) πρὸ τριῶν νωνῶν ἀπριλίων	**δ** (τετάρτη ἀπριλίου) πρὸ μιᾶς νωνῶν ἀπριλίου	**ε** (πέμπτη ἀπριλίου) — **νῶναι ἀπρίλιαι**	**ς** (ἕκτη ἀπριλίου) πρὸ ὀκτὼ εἰδῶν ἀπριλίων	**ζ** (ἑβδόμη ἀπριλίου) πρὸ ἑπτὰ εἰδῶν ἀπριλίων	**η** (ὀγδόη ἀπριλίου) πρὸ ἓξ εἰδῶν ἀπριλίων	**θ** (ἐνάτη ἀπριλίου) πρὸ πέντε εἰδῶν ἀπριλίων
	ιε δεκάτη πέμπτη φαρμοῦθι	**ις** δεκάτη ἕκτη φαρμοῦθι	**ιζ** δεκάτη ἑβδόμη φαρμοῦθι	**ιη** δεκάτη ὀγδόη φαρμοῦθι	**ιθ** δεκάτη ἐνάτη φαρμοῦθι	**κ** εἰκοστὴ φαρμοῦθι	**κα** εἰκοστὴ πρώτη φαρμοῦθι
	ι (δεκάτη ἀπριλίου) πρὸ τεσσάρων εἰδῶν ἀπριλίων	**ια** (ἑνδεκάτη ἀπριλίου) πρὸ τριῶν εἰδῶν ἀπριλίων	**ιβ** (δωδεκάτη ἀπριλίου) πρὸ μιᾶς εἰδῶν ἀπριλίων	**ιγ** (δεκάτη τρίτη ἀπριλίου) — **εἰδοὶ ἀπρίλιαι**	**ιδ** (δεκάτη τετάρτη ἀπριλίου) πρὸ δεκαοκτὼ καλανδῶν μαΐων	**ιε** (δεκάτη πέμπτη ἀπριλίου) πρὸ δεκαεπτὰ καλανδῶν μαΐων	**ις** (δεκάτη ἕκτη ἀπριλίου) πρὸ δεκαὲξ καλανδῶν μαΐων
	κβ εἰκοστὴ δευτέρα φαρμοῦθι	**κγ** εἰκοστὴ τρίτη φαρμοῦθι	**κδ** εἰκοστὴ τετάρτη φαρμοῦθι	**κε** εἰκοστὴ πέμπτη φαρμοῦθι	**κς** εἰκοστὴ ἕκτη φαρμοῦθι	**κζ** εἰκοστὴ ἑβδόμη φαρμοῦθι	**κη** εἰκοστὴ ὀγδόη φαρμοῦθι
	ιζ (δεκάτη ἑβδόμη ἀπριλίου) πρὸ δεκαπέντε καλανδῶν μαΐων	**ιη** (δεκάτη ὀγδόη ἀπριλίου) πρὸ δεκατεσσάρων καλανδῶν μαΐων	**ιθ** (δεκάτη ἐνάτη ἀπριλίου) πρὸ δεκατριῶν καλανδῶν μαΐων	**κ** (εἰκοστὴ ἀπριλίου) πρὸ δώδεκα καλανδῶν μαΐων	**κα** (εἰκοστὴ πρώτη ἀπριλίου) πρὸ ἕνδεκα καλανδῶν μαΐων	**κβ** (εἰκοστὴ δευτέρα ἀπριλίου) πρὸ δέκα καλανδῶν μαΐων	**κγ** (εἰκοστὴ τρίτη ἀπριλίου) πρὸ ἐννέα καλανδῶν μαΐων
	κθ εἰκοστὴ ἐνάτη φαρμοῦθι	**λ** τριακοστὴ φαρμοῦθι *(στέψις σαραπείων, BGU II 362, 215 CE; τὰ σαραπεῖα ἡμερῶν ιζ, P.Teb. I 119, 105–101 BCE)*					
	κδ (εἰκοστὴ τετάρτη ἀπριλίου) πρὸ ὀκτὼ καλανδῶν μαΐων	**κε** (εἰκοστὴ πέμπτη ἀπριλίου) πρὸ ἑπτὰ καλανδῶν μαΐων					

Παχων

- Pachon is the first month of the season of Shemu (season of harvesting)

- The month name means "the one of Khonsu", an ancient Egyptian moon god

- In early Ptolemaic times (3rd c. BCE–early 2nd c. BCE), the month of Pachon began in July or June. After the Alexandrian reform (effectual from 26 BCE) and the Augustan reform (8 BCE), Pachon began on the 26th of April in all years, since the Roman leap day fell in February and only brought about variation in Alexandrian–Roman date coordination in that month and prior months

- In Greco-Roman times, a papyrus notes that παχων α '1st of Pachon' was the date of the ἐλευθέρια festival (*SPP* XXII.183). There is also evidence of a festival celebrated on the 15th of Pachon: On the eve of a festival for a god, Egyptians would kill a sacrificial pig in front of the doors of their houses; this festival is said to be associated with Dionysus by Herodotus (Herodotus, *Histories*, 2.48; Plutarch, *De Iside et Osiride*, 8), but "Dionysus" is probably a Greek stand-in for Osiris. Based on another papyrus (*P.Oxy.* XXXI.2586, 264 BCE), it has been suggested that the well-known "Pachon festival" lasted from the 13th to the 19th of Pachon, which were thus considered public holidays (ἀργίαι)

	κατὰ Ἕλληνας/Ῥωμαίους ...	ἡμέρα ἡλίου	ἡμέρα σελήνης	ἡμέρα ἄρεως	ἡμέρα ἑρμοῦ	ἡμέρα διός	ἡμέρα ἀφροδίτης	ἡμέρα κρόνου
	κατὰ Ἰουδαίους/Χριστιανούς ...	πρώτη/κυριακὴ ἡμέρα	δευτέρα ἡμέρα	τρίτη ἡμέρα	τετάρτη ἡμέρα	πέμπτη ἡμέρα	παρασκευὴ ἡμέρα	τὸ σάββατον
								ε πέμπτη παχών
		ς ἕκτη παχών		**α** πρώτη παχών — *τὰ ἐλεύθερα ἡμερῶν ζ* (SPP XXII 183, 138 CE)	**β** δευτέρα παχών	**γ** τρίτη παχών	**δ** τετάρτη παχών	**λ** (τριακοστή ἀπριλίου) πρὸ μιᾶς καλανδῶν μαΐων
		καλάνδαι μάϊαι — (πρώτη μαΐου)	**ζ** ἑβδόμη παχών — **β** (δευτέρα μαΐου) πρὸ ἕξ νωνῶν μαΐων	(εἰκοστὴ ἕκτη ἀπριλίου) πρὸ ἕξ καλανδῶν μαΐων	(εἰκοστὴ ἑβδόμη ἀπριλίου) πρὸ πέντε καλανδῶν μαΐων	(εἰκοστὴ ὀγδόη ἀπριλίου) πρὸ τεσσάρων καλανδῶν μαΐων	(εἰκοστὴ ἐνάτη ἀπριλίου) πρὸ τριῶν καλανδῶν μαΐων	
		ιγ δεκάτη τρίτη παχών — *ἑορτὴ παχών? ἡμερῶν ζ* (P.Oxy. XLIX 3514, 260 CE)	**ιδ** δεκάτη τετάρτη παχών — *θεωρία ἐν ? ἡμερῶν ς* (P.Osl. III 189v, 3rd CE)	**ιε** δεκάτη πέμπτη παχών — *οἱ Αἰγύπτιοι σφάζουσιν χοῖρον πρὸ τῶν θυρῶν* (Herodotus, Ἱστορίαι)	**ις** δεκάτη ἕκτη παχών	**ιζ** δεκάτη ἑβδόμη παχών	**ια** ἑνδεκάτη παχών — *κωμασία τῆς Ἀθὼρ ἡμερῶν γ*	**ιβ** δωδεκάτη παχών — **νῶναι μάϊαι** — *τὸ λιλόιπον* (P.Lond. III 1170v, 259 CE)
		η ὀγδόη παχών — **γ** (τρίτη μαΐου) πρὸ πέντε νωνῶν μαΐων	**θ** ἐνάτη παχών — **δ** (τετάρτη μαΐου) πρὸ τεσσάρων νωνῶν μαΐων	**ι** δεκάτη παχών — **ε** (πέμπτη μαΐου) πρὸ τριῶν νωνῶν μαΐων	**ς** (ἕκτη μαΐου) πρὸ νωνῶν μαΐων	**ζ** (ἑβδόμη μαΐου)		
		κ εἰκοστὴ παχών — **εἰδοὶ μάϊαι** — **ιε** (δεκάτη πέμπτη μαΐου)	**κα** εἰκοστὴ πρώτη παχών	**κβ** εἰκοστὴ δευτέρα παχών	**κγ** εἰκοστὴ τρίτη παχών	**κδ** εἰκοστὴ τετάρτη παχών	**κε** εἰκοστὴ πέμπτη παχών — *τὰ σεληναῖα* (UPZ I 77 I, 158 BCE)	**κς** εἰκοστὴ ἕκτη παχών — *ἑορτὴ ? ἡμερῶν η* (SPP XXII 183, 138 CE)
		η (ὀγδόη μαΐου) πρὸ ὀκτὼ εἰδῶν μαΐων	**θ** (ἐνάτη μαΐου) πρὸ ἑπτὰ εἰδῶν μαΐων	**ι** (δεκάτη μαΐου) πρὸ ἕξ εἰδῶν μαΐων	**ια** (ἑνδεκάτη μαΐου) πρὸ πέντε εἰδῶν μαΐων	**ιβ** (δωδεκάτη μαΐου) πρὸ τεσσάρων εἰδῶν μαΐων	**ιγ** (δεκάτη τρίτη μαΐου) πρὸ τριῶν εἰδῶν μαΐων	
		κζ εἰκοστὴ ἑβδόμη παχών	**κη** εἰκοστὴ ὀγδόη παχών	**κθ** εἰκοστὴ ἐνάτη παχών	**λ** τριακοστὴ παχών	**ιθ** (δεκάτη ἐνάτη μαΐου) πρὸ δεκατεσσάρων καλανδῶν ἰουνίων	**κ** (εἰκοστὴ μαΐου) πρὸ δεκατριῶν καλανδῶν ἰουνίων	**κα** (εἰκοστὴ πρώτη μαΐου) πρὸ δώδεκα καλανδῶν ἰουνίων
		ις (δεκάτη ἕκτη μαΐου) πρὸ δεκαεπτὰ καλανδῶν ἰουνίων	**κγ** (εἰκοστὴ τρίτη μαΐου) πρὸ δέκα καλανδῶν ἰουνίων	**ιζ** (δεκάτη ἑβδόμη μαΐου) πρὸ δεκαὲξ καλανδῶν ἰουνίων	**ιη** (δεκάτη ὀγδόη μαΐου) πρὸ δεκαπέντε καλανδῶν ἰουνίων			
		κβ (εἰκοστὴ δευτέρα μαΐου) πρὸ ἕνδεκα καλανδῶν ἰουνίων	**ις** (δεκάτη ἕκτη μαΐου) πρὸ δεκαεπτὰ καλανδῶν ἰουνίων	**κδ** (εἰκοστὴ τετάρτη μαΐου) πρὸ ἐννέα καλανδῶν ἰουνίων	**κς** (εἰκοστὴ ἕκτη μαΐου) πρὸ ἑπτὰ καλανδῶν ἰουνίων			

Παγνι

- Payni is the second month of the season of Shemu (season of harvesting)

- The month name means "The one of the wadi"

- In early Ptolemaic times (3rd c. BCE–early 2nd c. BCE), the month of Payni began in August or July. After the Alexandrian reform (effectual from 26 BCE) and the Augustan reform (8 BCE), Payni began on the 26th of May in all years, since the Roman leap day fell in February and only brought about variation in Alexandrian–Roman date coordination in that month and prior months

- Though not explicitly mentioned in Greek papyri, there is other archaeological and textual evidence showing that the Valley Festival, the great ten-day festival of Thebes, persisted into Greco-Roman times and was celebrated at the New Moon of Payni

- There is also a papyrological reference to [εἰς ...]ισμὸν νειλαίων (*BGU* II 362, 215 CE), which one might connect with πηχισμὸς νειλαίων (cf. *P.Oxy.* XXVII 2480, 107–114 CE and the Nile festival on 16th of Epeiph)

	κατὰ ἕλληνας/ρωμαίους … ἡμέρα ἡλίου					
κατὰ ἰουδαίους/χριστιανούς … πρώτη/κυριακὴ ἡμέρα	ἡμέρα σελήνης / δευτέρα ἡμέρα	ἡμέρα ἄρεως / τρίτη ἡμέρα	ἡμέρα ἑρμοῦ / τετάρτη ἡμέρα	ἡμέρα διός / πέμπτη ἡμέρα	ἡμέρα ἀφροδίτης / παρασκευὴ ἡμέρα	ἡμέρα κρόνου / τὸ σάββατον
				α — πρώτη παῦνι	β — δευτέρα παῦνι	γ — τρίτη παῦνι
δ — τετάρτη παῦνι / (εἰκοστὴ ἐνάτη μαΐου) πρὸ τεσσάρων καλανδῶν ἰουνίων	ε — πέμπτη παῦνι / (τριακοστὴ μαΐου) πρὸ τριῶν καλανδῶν ἰουνίων	ς — ἕκτη παῦνι / (τριακοστὴ πρώτη μαΐου) πρὸ μιᾶς καλανδῶν ἰουνίων	ζ — ἑβδόμη παῦνι / **καλάνδαι ἰούνιαι** — α (πρώτη ἰουλίου)	η — ὀγδόη παῦνι / β (δευτέρα ἰουνίου) πρὸ τεσσάρων νωνῶν ἰουνίων	θ — ἐνάτη παῦνι / γ (τρίτη ἰουνίου) πρὸ τριῶν νωνῶν ἰουνίων	ι — δεκάτη παῦνι / δ (τετάρτη ἰουνίου) πρὸ μιᾶς νωνῶν ἰουνίων
ια — ἑνδεκάτη παῦνι / **νῶναι ἰούνιαι** — ε (πέμπτη ἰουνίου)	ιβ — δωδεκάτη παῦνι / ς (ἕκτη ἰουνίου) πρὸ ὀκτὼ εἰδῶν ἰουνίων	ιγ — δεκάτη τρίτη παῦνι / ζ (ἑβδόμη ἰουνίου) πρὸ ἑπτὰ εἰδῶν ἰουνίων	ιδ — δεκάτη τετάρτη παῦνι / η (ὀγδόη ἰουνίου) πρὸ ἓξ εἰδῶν ἰουνίων	ιε — δεκάτη πέμπτη παῦνι / θ (ἐνάτη ἰουνίου) πρὸ πέντε εἰδῶν ἰουνίων — *λυχνοκαΐα πτολεμ. (SB III 7199, 2nd CE)*	ις — δεκάτη ἕκτη παῦνι / ι (δεκάτη ἰουνίου) πρὸ τεσσάρων εἰδῶν ἰουνίων — *βουβάστιος ἑορτή (P.Hib. I 27, 294-290 BCE)*	ιζ — δεκάτη ἑβδόμη παῦνι / ια (ἑνδεκάτη ἰουνίου) πρὸ τριῶν εἰδῶν ἰουνίων
ιη — δεκάτη ὀγδόη παῦνι / ιβ (δωδεκάτη ἰουνίου) πρὸ μιᾶς εἰδῶν ἰουνίων	ιθ — δεκάτη ἐνάτη παῦνι / **εἰδοὶ ἰούνιαι** — ιγ (δεκάτη τρίτη ἰουνίου)	κ — εἰκοστὴ παῦνι / ιδ (δεκάτη τετάρτη ἰουνίου) πρὸ δεκαοκτὼ καλανδῶν ἰουλίων	κα — εἰκοστὴ πρώτη παῦνι / ιε (δεκάτη πέμπτη ἰουνίου) πρὸ δεκαεπτὰ καλανδῶν ἰουλίων — *καθίδρυσις ναοῦ Σοκνοπαίου θεοῦ ἡμερῶν ζ (SPP XXII 183, 138 CE)*	κβ — εἰκοστὴ δευτέρα παῦνι / ις (δεκαὲξ ἰουνίου) πρὸ δεκαὲξ καλανδῶν ἰουλίων	κγ — εἰκοστὴ τρίτη παῦνι / ιζ (δεκαεπτὰ ἰουνίου) πρὸ δεκαπέντε καλανδῶν ἰουλίων	κδ — εἰκοστὴ τετάρτη παῦνι / ιη (δεκαοκτὼ ἰουνίου) πρὸ δεκατεσσάρων καλανδῶν ἰουλίων
κε — εἰκοστὴ πέμπτη παῦνι / ιθ (δεκάτη ἐνάτη ἰουνίου) πρὸ δεκατριῶν καλανδῶν ἰουλίων	κς — εἰκοστὴ ἕκτη παῦνι / κ (εἰκοστὴ ἰουνίου) πρὸ δώδεκα καλανδῶν ἰουλίων	κζ — εἰκοστὴ ἑβδόμη παῦνι / κα (εἰκοστὴ πρώτη ἰουνίου) πρὸ ἕνδεκα καλανδῶν ἰουλίων — *[ ]ς ἑορτή (P.Iand. I 27, 294-220 BCE)*	κη — εἰκοστὴ ὀγδόη παῦνι / κβ (εἰκοστὴ δευτέρα ἰουνίου) πρὸ δέκα καλανδῶν ἰουλίων	κθ — εἰκοστὴ ἐνάτη παῦνι / κγ (εἰκοστὴ τρίτη ἰουνίου) πρὸ ἐννέα καλανδῶν ἰουλίων	λ — τριακοστὴ παῦνι / κδ (εἰκοστὴ τετάρτη ἰουνίου) πρὸ ὀκτὼ καλανδῶν ἰουλίων — *βουβάστια μεγάλα? (P.Hib. I 27, 294-290 BCE)*; *ἡ θυσία τοῦ ἱερωτάτου Νείλου (P.Oxy. IX 1211, 2nd CE)*	

ⲉⲡⲓⲫ

- Epeiph is the third month of the season of Shemu (season of harvesting)

- The meaning of the month name is unclear

- In early Ptolemaic times (3rd c. BCE–early 2nd c. BCE), the month of Epeiph began in September or August. After the Alexandrian reform (effectual from 26 BCE) and the Augustan reform (8 BCE), Epeiph began on the 25th of June in all years, since the Roman leap day fell in February and only brought about variation in Alexandrian–Roman date coordination in that month and prior months

- In early Ptolemaic times, there is mention of ἐν σάι πανήγ[υρις] ἀθηνᾶς 'in Sais assembly of Athena' in a papyrus (*P.Hib.* I.27, 294-290 BCE); the date of the fesetival is unclear but it may have been celebrated on the 13th of Epeiph. This festival was also called λυχνοκαῖα 'Illumination of Lamps' since lamp lighting was part of the festivities

- In Greco-Roman times, the 20th of Epeiph marked the beginning of the σουχεῖα festival (*SPP* XXII.183, 138 CE), celebrated in honor of the crocodile god Sobek in the Arsinoite nome. This festival was associated with the villages of Tebtynis and Soknopaiou Nesos from the second century BCE to the second century CE

κατὰ ἰουδαίους/χριστιανούς ...

ἡμέρα ἡλίου / πρώτη/κυριακὴ ἡμέρα	ἡμέρα σελήνης / δευτέρα ἡμέρα	ἡμέρα ἄρεως / τρίτη ἡμέρα	ἡμέρα ἑρμοῦ / τετάρτη ἡμέρα	ἡμέρα διός / πέμπτη ἡμέρα	ἡμέρα ἀφροδίτης / παρασκευὴ ἡμέρα	ἡμέρα κρόνου / τὸ σάββατον
						α — πρώτη ἐπείφ / κε — (εἰκοστὴ πέμπτη ἰουνίου) πρὸ ἑπτὰ καλανδῶν ἰουλίων
β — δευτέρα ἐπείφ / κς — (εἰκοστὴ ἕκτη ἰουνίου) πρὸ ἕξ καλανδῶν ἰουλίων — **τὰ σουχεῖα ἡμερῶν ζ** (SPP XXII 183, 138 CE)	γ — τρίτη ἐπείφ / κζ — (εἰκοστὴ ἑβδόμη ἰουνίου) πρὸ πέντε καλανδῶν ἰουλίων	δ — τετάρτη ἐπείφ / κη — (εἰκοστὴ ὀγδόη ἰουνίου) πρὸ τεσσάρων καλανδῶν ἰουλίων	ε — πέμπτη ἐπείφ / κθ — (εἰκοστὴ ἐνάτη ἰουνίου) πρὸ τριῶν καλανδῶν ἰουλίων	ς — ἕκτη ἐπείφ / λ — (τριακοστὴ ἰουνίου) πρὸ μιᾶς καλανδῶν ἰουλίων	ζ — ἑβδόμη ἐπείφ — **καλάνδαι ἰούλιαι** / α — (πρώτη ἰουλίου)	η — ὀγδόη ἐπείφ / β — (δευτέρα ἰουλίου) πρὸ ἕξ νωνῶν ἰουλίων
θ — ἐνάτη ἐπείφ / γ — (τρίτη ἰουλίου) πρὸ πέντε νωνῶν ἰουλίων	ι — δεκάτη ἐπείφ / δ — (τετάρτη ἰουλίου) πρὸ τεσσάρων νωνῶν ἰουλίων	ια — ἑνδεκάτη ἐπείφ / ε — (πέμπτη ἰουλίου) πρὸ τριῶν νωνῶν ἰουλίων	ιβ — δωδεκάτη ἐπείφ — **τὰ σουχεῖα** (P.Tebt. III 887, 173–128 BCE) / ς — (ἕκτη ἰουλίου) πρὸ μιᾶς νωνῶν ἰουλίων	ιγ — δεκάτη τρίτη ἐπείφ / ζ — (ἑβδόμη ἰουλίου) — **νῶναι ἰούλιαι** — ἐν σᾶι πανήγυρις ἀθηνᾶς (P.Hib. I 27, 294–290 BCE)	ιδ — δεκάτη τετάρτη ἐπείφ / η — (ὀγδόη ἰουλίου) πρὸ ὀκτὼ εἰδῶν ἰουλίων	ιε — δεκάτη πέμπτη ἐπείφ / θ — (ἐνάτη ἰουλίου) πρὸ ἑπτὰ εἰδῶν ἰουλίων
ις — δεκάτη ἕκτη ἐπείφ — **τὰ νειλαῖα θέα πηχισμοῦ ἡμερῶν γ?** (P.Oxy. XXVII 2480, 107–114 CE) / ι — (δεκάτη ἰουλίου) πρὸ ἕξ εἰδῶν ἰουλίων	ιζ — δεκάτη ἑβδόμη ἐπείφ / ια — (ἑνδεκάτη ἰουλίου) πρὸ πέντε εἰδῶν ἰουλίων	ιη — δεκάτη ὀγδόη ἐπείφ / ιβ — (δωδεκάτη ἰουλίου) πρὸ τεσσάρων εἰδῶν ἰουλίων	ιθ — δεκάτη ἐνάτη ἐπείφ / ιγ — (δεκάτη τρίτη ἰουλίου) πρὸ τριῶν εἰδῶν ἰουλίων	κ — εἰκοστὴ ἐπείφ / ιδ — (δεκάτη τετάρτη ἰουλίου) πρὸ μιᾶς εἰδῶν ἰουλίων	κα — εἰκοστὴ πρώτη ἐπείφ — **εἰδοὶ ἰούλιαι** / ιε — (δεκάτη πέμπτη ἰουλίου)	κβ — εἰκοστὴ δευτέρα ἐπείφ / ις — (δεκάτη ἕκτη ἰουλίου) πρὸ δεκαεπτὰ καλανδῶν αὐγούστων
κγ — εἰκοστὴ τρίτη ἐπείφ — **ἀνούβιος ἑορτὴ** (P.Hib. I 27, 294–290 BCE) / ιζ — (δεκάτη ἑβδόμη ἰουλίου) πρὸ δεκαὲξ καλανδῶν αὐγούστων	κδ — εἰκοστὴ τετάρτη ἐπείφ / ιη — (δεκάτη ὀγδόη ἰουλίου) πρὸ δεκαπέντε καλανδῶν αὐγούστων	κε — εἰκοστὴ πέμπτη ἐπείφ / ιθ — (δεκάτη ἐνάτη ἰουλίου) πρὸ δεκατεσσάρων καλανδῶν αὐγούστων	κς — εἰκοστὴ ἕκτη ἐπείφ / κ — (εἰκοστὴ ἰουλίου) πρὸ δεκατριῶν καλανδῶν αὐγούστων	κζ — εἰκοστὴ ἑβδόμη ἐπείφ / κα — (εἰκοστὴ πρώτη ἰουλίου) πρὸ δώδεκα καλανδῶν αὐγούστων	κη — εἰκοστὴ ὀγδόη ἐπείφ / κβ — (εἰκοστὴ δευτέρα ἰουλίου) πρὸ ἕνδεκα καλανδῶν αὐγούστων — **γενέσια εἴσοδος νεφερσῆτος θεᾶς μεγίστης ἡμερῶν θ** (SPP XXII 183, 138 CE)	κθ — εἰκοστὴ ἐνάτη ἐπείφ / κγ — (εἰκοστὴ τρίτη ἰουλίου) πρὸ δέκα καλανδῶν αὐγούστων
λ — τριακοστὴ ἐπείφ — **ὀφθαλμῶν ὥρου γενέθλος** (Plutarch, Περὶ Ἴσιδος καὶ Ὀσίριδος) / κδ — (εἰκοστὴ τετάρτη ἰουλίου) πρὸ ἐννέα καλανδῶν αὐγούστων						

ⲙⲉⲥⲟⲣⲏ

- Mesore is the fourth month of the season of Shemu (season of harvesting)

- The name of the month means "Birth of Re", the Egyptian sun God

- In early Ptolemaic times (3rd c. **BCE**–early 2nd c. **BCE**), the month of Mesore began in October or September. After the Alexandrian reform (effectual from 26 BCE) and the Augustan reform (8 BCE), Mesore began on the 25th of July in all years, since the Roman leap day fell in February and only brought about variation in Alexandrian–Roman date coordination in that month and prior months

- In an official letter from early Ptolemaic times (**249 BCE**), the author writes the following about Mesore: αἱ ἑορταὶ αἱ μέγισται αἱ ἐν τῶι ἐνιαυτῶι εἰσιν ἐν τῶι μηνὶ τούτωι 'the greatest festivals in the year are in this month' (*P.Hamb.* 182, 249 BCE)

κατὰ ἕλληνας/ῥωμαίους ... ἡμέρα ἡλίου	ἡμέρα σελήνης	ἡμέρα ἄρεως	ἡμέρα ἕρμου	ἡμέρα διός	ἡμέρα ἀφροδίτης	ἡμέρα κρόνου
κατὰ ἰουδαίους/χριστιανούς ... πρώτη/κυριακὴ ἡμέρα	δευτέρα ἡμέρα	τρίτη ἡμέρα	τετάρτη ἡμέρα	πέμπτη ἡμέρα	παρασκευὴ ἡμέρα	τὸ σάββατον
	α πρώτη μεσορή — στολισμός θεῶν διοσκούρων (P.Lund. IV 11, 169/170 CE) — κε (εἰκοστὴ πέμπτη Ιουλίου) πρὸ ὀκτὼ καλανδῶν αὐγούστων	**β** δευτέρα μεσορή — ἀπόλλωνος ἑορτή (P.Hib. I 27, 294-290 BCE) — κς (εἰκοστὴ ἕκτη Ιουλίου) πρὸ ἑπτὰ καλανδῶν αὐγούστων	**γ** τρίτη μεσορή — κζ (εἰκοστὴ ἑβδόμη Ιουλίου) πρὸ ἓξ καλανδῶν αὐγούστων	**δ** τετάρτη μεσορή — κη (εἰκοστὴ ὀγδόη Ιουλίου) πρὸ πέντε καλανδῶν αὐγούστων	**ε** πέμπτη μεσορή — κθ (εἰκοστὴ ἐνάτη Ιουλίου) πρὸ τεσσάρων καλανδῶν αὐγούστων	**ς** ἕκτη μεσορή — λ (τριακοστή Ιουλίου) πρὸ τριῶν καλανδῶν αὐγούστων
ζ ἑβδόμη μεσορή — λα (τριακοστή πρώτη Ιουλίου) πρὸ μιᾶς καλανδῶν αὐγούστων	**η** ὀγδόη μεσορή — **καλάνδαι αὐγούσται** — α (πρώτῃ αὐγούστου)	**θ** ἐνάτη μεσορή — τὰ διονύσια (P.Tebt. III 887, 173-128 BCE) — β (δευτέρᾳ αὐγούστου) πρὸ τεσσάρων νωνῶν αὐγούστων	**ι** δεκάτη μεσορή — γ (τρίτῃ αὐγούστου) πρὸ τριῶν νωνῶν αὐγούστων	**ια** ἑνδεκάτη μεσορή — δ (τετάρτῃ αὐγούστου) πρὸ μιᾶς νωνῶν αὐγούστων	**ιβ** δωδεκάτη μεσορή — **νῶναι αὐγούσται** — ε (πέμπτῃ αὐγούστου)	**ιγ** δεκάτη τρίτη μεσορή — ς (ἕκτῃ αὐγούστου) πρὸ ὀκτὼ εἰδῶν αὐγούστων
ιδ δεκάτη τετάρτη μεσορή — ζ (ἑβδόμῃ αὐγούστου) πρὸ ἑπτὰ εἰδῶν αὐγούστων	**ιε** δεκάτη πέμπτη μεσορή — η (ὀγδόῃ αὐγούστου) πρὸ ἓξ εἰδῶν αὐγούστων	**ις** δεκάτη ἕκτη μεσορή — θ (ἐνάτῃ αὐγούστου) πρὸ πέντε εἰδῶν αὐγούστων	**ιζ** δεκάτη ἑβδόμη μεσορή — ι (δεκάτῃ αὐγούστου) πρὸ τεσσάρων εἰδῶν αὐγούστων	**ιη** δεκάτη ὀγδόη μεσορή — ια (ἑνδεκάτῃ αὐγούστου) πρὸ τριῶν εἰδῶν αὐγούστων	**ιθ** δεκάτη ἐνάτη μεσορή — ιβ (δωδεκάτῃ αὐγούστου) πρὸ μιᾶς εἰδῶν αὐγούστων	**κ** εἰκοστὴ μεσορή — **εἰδοὶ αὐγούσται** — ιγ (δεκάτη τρίτῃ αὐγούστου)
κα εἰκοστὴ πρώτη μεσορή — ιδ (δεκάτη τετάρτῃ αὐγούστου) πρὸ δεκαεννέα καλανδῶν σεπτεμβρίων	**κβ** εἰκοστὴ δευτέρα μεσορή — ιε (δεκάτη πέμπτῃ αὐγούστου) πρὸ δεκαοκτὼ καλανδῶν σεπτεμβρίων	**κγ** εἰκοστὴ τρίτη μεσορή — ις (δεκάτη ἕκτῃ αὐγούστου) πρὸ δεκαεπτὰ καλανδῶν σεπτεμβρίων	**κδ** εἰκοστὴ τετάρτη μεσορή — ιζ (δεκάτη ἑβδόμῃ αὐγούστου) πρὸ δεκαέξ καλανδῶν σεπτεμβρίων	**κε** εἰκοστὴ πέμπτη μεσορή — ιη (δεκάτη ὀγδόῃ αὐγούστου) πρὸ δεκαπέντε καλανδῶν σεπτεμβρίων	**κς** εἰκοστὴ ἕκτη μεσορή — καθίδρυσις τοῦ ἱεροῦ ἡμερῶν η (SPP XXII 183, 138 CE) — ιθ (δεκάτη ἐνάτῃ αὐγούστου) πρὸ δεκατεσσάρων καλανδῶν σεπτεμβρίων	**κζ** εἰκοστὴ ἑβδόμη μεσορή — τὰ ἀρσινόεια (P.Cair.Zen. III 59312, 250 BCE) — κ (εἰκοστῇ αὐγούστου) πρὸ δεκατριῶν καλανδῶν σεπτεμβρίων
κη εἰκοστὴ ὀγδόη μεσορή — κα (εἰκοστῇ πρώτῃ αὐγούστου) πρὸ δώδεκα καλανδῶν σεπτεμβρίων	**κθ** εἰκοστὴ ἐνάτη μεσορή — κβ (εἰκοστῇ δευτέρᾳ αὐγούστου) πρὸ ἕνδεκα καλανδῶν σεπτεμβρίων	**λ** τριακοστὴ μεσορή — κγ (εἰκοστῇ τρίτῃ αὐγούστου) πρὸ δέκα καλανδῶν σεπτεμβρίων				

ⲉⲡⲁⲅⲟⲙⲉⲛⲁⲓ

- The *epagomenai* are five intercalary days added to the end of the year to make the Egyptian year coincide with the 365-day year, since 12 months of 30 days only adds up to 360 days

- As early as the Pyramid Texts, the intercalary days were associated with the "birthdays of the gods". Eventually, each of the five intercalary days came to be associated with a particular god's birthday: (I) Osiris, (II) Horus, (III) Set, (IV) Isis, (V) Nephthys

- In early Ptolemaic times (3rd c. BCE–early 2nd c. BCE), the *epagomenai* took place in November or October. After the Alexandrian reform (effectual from 26 BCE) and the Augustan reform (8 BCE), the *epagomenai* began on the 24th of August in all years, since the Roman leap day fell in February and only brought about variation in Alexandrian-Roman date coordination in that month and prior months

- The phrase ἀμεσούσια, which is associated with the *epagomenai* and Isis's birthday in particular, is actually a transliteration of Demotic *ḥb mswt 'Ist* 'festival of the birth of Isis'

	κατὰ ἑλληνας/ῥωμαίους … ἡμέρα ἡλίου	ἡμέρα σελήνης	ἡμέρα ἄρεως	ἡμέρα ἑρμοῦ	ἡμέρα διός	ἡμέρα ἀφροδίτης	ἡμέρα κρόνου
	κατὰ ἰουδαίους/χριστιανούς … πρώτη/κυριακὴ ἡμέρα	δευτέρα ἡμέρα	τρίτη ἡμέρα	τετάρτη ἡμέρα	πέμπτη ἡμέρα	παρασκευὴ ἡμέρα	τὸ σάββατον
				α τοῦ ὀσίριδος γενέθλια πρώτη τῶν ἐπαγομένων	β τοῦ ὤρου γενέθλια δευτέρα τῶν ἐπαγομένων	γ τοῦ σηθ γενέθλια τρίτη τῶν ἐπαγομένων	δ τῆς ἴσιος γενέθλια (P.Hib. I. 27, 294-290 BCE) ἡ τῶν ἀμεσυσίων ἑορτή (P.Flor. II 131, 257 CE) τετάρτη τῶν ἐπαγομένων
				κδ (εἰκοστὴ τετάρτη αὐγούστου) πρὸ ἐννέα καλανδῶν σεπτεμβρίων	κε (εἰκοστὴ πέμπτη ἰουλίου) πρὸ ὀκτὼ καλανδῶν σεπτεμβρίων	κϛ (εἰκοστὴ ἕκτη ἰουλίου) πρὸ ἑπτὰ καλανδῶν σεπτεμβρίων	κζ (εἰκοστὴ ἑβδόμη ἰουλίου) πρὸ ἓξ καλανδῶν σεπτεμβρίων
	ε τῆς νέφθυος γενέθλια πέμπτη τῶν ἐπαγομένων						
	κη (εἰκοστὴ ὀγδόη ἰουλίου) πρὸ πέντε καλανδῶν σεπτεμβρίων						

www.ingramcontent.com/pod-product-compliance
Lightning Source LLC
Chambersburg PA
CBHW041059070526
44579CB00002B/16